Dr. Klaus Emmerich

Glaube und Kirche im Sozialismus.
Die Trennung von Kirche und Staat

Ein Abriss.

Inhalt

„Christentum und die humanistischen Ziele des Sozialismus sind keine Gegensätze. Die alte Sehnsucht der christlichen Bevölkerung, die sich in der Botschaft `Friede auf Erden und den Menschen ein Wohlgefallen´ äußert, kann ja ihre Erfüllung nur durch die Verwirklichung der hohen Ideen des Humanismus und Sozialismus finden"

(Aus Walter Ulbrichts erster Staatsratserklärung: gefunden bei Hanfried Müller: Erfahrungen Erinnerungen Gedanken. Zur Geschichte von Kirche und Gesellschaft in Deutschland seit 1945, GNN Verlag Schkeuditz 2010 Seite 191).[2]

„Damit Europa zu einer handlungsfähigen Einheit gelangt, bedarf es weiser Vorausschau der Regierenden. Es bedarf unserer Einsicht, dass wir die Versuchung zum nationalen Egoismus und zum Vorteil der eigenen Religion bändigen müssen. Und wo es um den Frieden geht, dort haben wir gegenseitigen Respekt nötig. Dort haben wir den Willen und die Fähigkeit zum Dialog nötig- und den Willen zur Zusammenarbeit."

(Ehemaliger Bundeskanzler Helmut Schmidt
Macht endlich Frieden! Fast alle Religionen der Welt bekennen sich zum Gewaltverzicht. Doch die entsprechende Moral hat sich nicht durchgesetzt. Ein Appell an religiöse und politische Führer. In: DIE ZEIT 14. April 2011 Nr. 16 Seite 58.)

---

[2] Fast wörtlich: „Das Christentum und die humanistischen Ziele des Sozialismus sind keine Gegensätze". Aus der Programmatischen Erklärung des Staatrates der Deutschen Demokratischen Republik, Walter Ulbricht, vor der Volkskammer am 4. Oktober 1960.In: Marxisten und Christen wirken gemeinsam für Frieden und Humanismus. Schriftenreihe des Staatsrates der DDR 1964 Seite 86.

1. Gemeinsamkeiten und Unterschiede zwischen Staat und Kirche in der DDR

Mich macht es traurig, wenn Menschen, egal ob Christen, Sozialisten oder Kommunisten, ihr Leben in der DDR als verlorene Jahre charakterisieren. Für mich und mein Bekannten- und Freundeskreis war es ein erfülltes und glückliches Leben.

Die Heuchelei, man hätte 41 Jahre auf die Einheit Deutschlands gewartet, um dem „Gefängnis DDR" zu entkommen, kann und will ich nicht unterstützen, weil es eine Lüge ist.

Die DDR war meine, unsere Heimat, unser Lebensraum, den es auch mit meinen Kräften zu gestalten galt. Am Montagabend, wenn im „Schwarzen Kanal" des DDR-Fernsehens an den Verstand und mit Emotion insbesondere der bundesdeutsche Kapitalismus/Imperialismus offen gelegt und seziert wurde, beeilten wir uns, keine Sendung zu verpassen.

Wir haben zu Hause, im Betrieb und in Versammlungen immer offen über alle Probleme gesprochen und Fragen aufgeworfen, die wir nicht selbst klären konnten. Es war mehr möglich, als nachträglich häufig behauptet wird. Das Umdeuten und Umschreiben der Geschichte der DDR lehne ich ab. Der Macher des „Schwarzen Kanals", der Kommunist Karl-Eduard von Schnitzler beschreibt es als seine „Blindheit", die auch die unsrige war: „Die Partei (gemeint ist die SED-K.E.) bestimmte, was in der Geschichte wie gesehen zu werden hatte und wie nicht. Die Partei bestimmte, was eine Nachricht, was wie zu kommentieren war und was nicht. Die Partei bestimmte, was zu lernen war und was nicht, wie zu arbeiten, was zu produzieren war und was nicht. Die Partei hatte immer recht. So war es in den letzten zwei Jahrzehnten (gemeint sind die achtziger und neunziger Jahre des 20. Jahrhunderts- K.E.). Aber ein Zitat von Marx, Engels oder Lenin beweist oder rechtfertigt gar nichts. Wissenschaftlicher Sozialismus ist kein Dogma, sondern eine wissenschaftlich untermauerte Weltanschauung. Wissenschaft ist nicht dazu da, Auffassungen einzelner Politiker zu bestätigen, sondern Politiker sind dazu da, in der Wirklichkeit umzusetzen, was wissenschaftlich fundiert ist. Dazu gehören Volksnähe ... moralische Sauberkeit..., Anerkennung und Befolgung der historischen Lehre, daß niemand Alleineigentümer der Wahrheit ist und noch unkontrolliert, Alleineigentümer der Macht sein darf. Mit Idealen und Bibelsprüchen ist noch kein Krieg, ist noch niemand satt gemacht, gekleidet, gebildet und mit ordentlicher Bleibe versorgt worden. Grundsatz- und Absichtserklärungen sind ebenso schön wie zahlreich- früher wie heute. Aber politische, ökonomische, kulturelle Kompetenz Realismus, Nutzen aus Erfahrung?... Andererseits: Kann jeder recht haben? Nach dem Motto: `Wie hätten Sie´s denn gern? Freiheit? Ja! Aber für alles und jeden? "[3]

Der bekennende Antikommunist Gauck, einst Pastor, „Großinquisitor" und derzeitiger Bundespräsident sieht die Problematik selbstverständlich völlig anders: Für ihn existierten im vergangenen Jahrhundert eben zwei Diktaturen. Wie es seine Art ist, klärte er am 18. März 2012 in seiner Dankesrede nach seiner Wahl vor seinem „Wahlvolk" darüber auf, dass nach „56 jähriger Herrschaft von Diktatoren" er und „Millionen Ostdeutsche …endlich Bürger sein durften."

Die Kandidatin der Partei die Linke für das Amt als Bundespräsidentin, Beate Klarsfeld, erklärte „zornig, Gauck relativiere den Faschismus, verschweige die Verbrechen des deutschen Faschismus…"[4]

Das Aufdecken von Fehlern und das Ziehen von Konsequenzen und Lehren aus der Geschichte mit ihren Erfolgen und besonders den Niederlagen für künftige Entwicklungen liegt mir besonders nahe.

Die Niederlage des Sozialismus erfordert geradezu, entsprechende Lehren zu ziehen.

Als eines dieser Problemfelder sehe ich das Verhältnis Kirche/Staat. Mir geht es nicht darum, die Kirchenpolitik der DDR Staatsmacht bzw. die (innere) Situation der Kirchen in der SBZ/DDR in ihren konfliktreichen Beziehungen, die häufig von Spannungen geprägt waren, neue Details hinzuzufügen.

In diesem Beitrag ist es nicht möglich und auch nicht Ziel, alle Aspekte der Kirchenpolitik der DDR in ihrer Themenvielfalt zu behandeln. Es ist lediglich beabsichtigt, einige Aspekte näher zu betrachten, die im Handeln der DDR-Führung und der Kirchenoberen das damalige Denken bestimmt haben. Da kann m.E. nicht losgelöst von der Kirchenpolitik der alten BRD und dem nach dem Anschluß der DDR sich entwickelnden neuen Deutschland geschehen. Doch selbst dieses Anliegen muß begrenzt bleiben, da in einem kurzen Überblick es nicht möglich ist, die Vielfalt des zu behandelnden Gegenstandes voll auszuschöpfen.

---

[3] von Schnitzler, Karl-Eduard Der rote Kanal. Armes Deutschlands, Hamburg 1992, 3.Auflage 1993 Seite 40 f.
[4] Hager, Nina „Kein Sonntagsredner" in: Unsere Zeit, Sozialistische Wochenzeitung- Zeitung der DKP Nr. 12, 23. März 2012 Seite 1.

Wegen des Umfanges des Gegenstandes beschränke ich mich auf Beispiele, die aus meiner Sicht die Situation am besten charakterisieren und Anregungen zur Diskussion bieten können.

Es geht nicht darum, die grundlegenden Unterschiede vor allem auf ideologischem Gebiet zu (er)klären. Ich möchte die Gemeinsamkeiten zwischen der evangelischen Kirche und der Kirchenpolitik der DDR zu erhellen versuchen.

Das geschieht selbstverständlich immer unter dem Aspekt der Verwirklichung der Trennung von Staat und Kirche auf allen Gebieten.

Ich gehöre nicht zu jenen, die sich pauschal „zur Mitschuld an der bisherigen Politik" (der SED 1945-1989 - K.E.) bekennen und undifferenziert, bei „Gläubigen, die Kirchen und Religionsgemeinschaften um Versöhnung" bitten.[5].

Wenn der evangelische Christ eine katholische Frau heiratet und sie unterschreiben muss, dass sie ihre Kinder trotzdem im katholischen Glauben erzieht, dann kommt das einem Vergleich nahe, dass ein SED-Genosse der eine parteilose Frau heiratet, hätte unterschreiben müssen, seine Kinder nur im Sinne des historischen und dialektischen Materialismus zu erziehen.[6]

Ohne auf die Problematik der sogenannten konfessionsverbindenden Ehe im Einzelnen einzugehen, soll aber festgehalten werden, dass bezüglich der Kindererziehung folgende schriftliche Erklärung abzugeben ist: „Ich will in meiner Ehe am katholischen Glauben festhalten. Ich erkenne an, dass mein Glauben von mir verlangt, mich für die Taufe und Erziehung unserer Kinder in der katholischen Kirche einzusetzen. Ich werde mich bemühen, dem zu entsprechen unter Rücksichtnahme auf das Gewissen meines Partners." Diese Erklärung ist im Falle einer katholischen Trauung „mit oder ohne evangelischer Mitwirkung" von der Katholikin oder dem Katholiken zu unterschreiben[7]

Ich unterscheide konsequent zwischen Gläubigen (Christen) und den Kirchen und ihren Funktionsträgern. Die Kirchen und ihre „Fürsten" werden von mir nicht nach frommen Sprüchen, sondern ihren Taten und ihrer Verantwortung betrachtet. Grundsätzlich beschränke ich mich auf die evangelische Kirche.

---

[5] Positionen der PDS zu Gläubigen, Religionen, Kirchen und Religionsgemeinschaften. In: PDS-Pressedienst vom 15. März 1990 (Beilage) Seite 1.
[6] Vgl. Scherzer, Landolf Der Grenzgänger Dritte AuflageBerlin 2010 Seite 348.
[7] Rapposch, Gerhard Internet: http://www.evang.st/InterreligioesePartnerschaften

1.1. Gemeinsamkeiten zur Friedenserhaltung

Mir geht es insbesondere um die Gemeinsamkeiten zur Erhaltung des Friedens. Wobei es hier nicht um den Begriff des Friedens aus religiöser Sicht (im Sinne der Bibel) geht. „Hoffnung auf Gott auch Hoffnung auf Frieden, „in Christus ist der Frieden angebrochen", „die Botschaft von Christus ist Friedensbotschaft" mit der Verpflichtung, alles für den Frieden zu tun.[8]

Ich begreife den Frieden als Gegensatz zum Krieg jeglicher Art. Für mich bedeutet Frieden im Sinne von Marx, dass „im Gegensatz zu alten Gesellschaft...*eine neue* Gesellschaft entsteht, deren internationales Prinzip der *Friede* sein wird, weil bei jeder Nation dasselbe Prinzip herrscht- die *Arbeit*."[9]

Ich stimme mit jenen Christen überein, die vorbehaltlos den Frieden auf Erden als Maxime betrachten und dafür eintreten.

„Wenn Kirchenvertreter heute im Gegensatz zu früheren Zeiten vom ´Frieden´ sprechen, so ist es notwendig, genauer hin zu hören. Hat sich die Kirche geändert? Oder hat sie nur ihre Strategie geändert, und wird nur mit dem ´friedensbewegten´ Zeitgeist gesäuselt? Indem man z.B. den besorgten Menschen mit Worten entgegenkommt, um ihnen dann am Ende doch wieder den Weg zu den Tötungswaffen zu zeigen. So war es z.B. beim Golfkrieg 1991 und beim Balkankrieg 1999. Erst beim Irak-Krieg der USA im Jahr 2003 waren die meisten deutschen Kirchenvertreter dagegen- doch nicht grundsätzlich, sondern aus politischen bzw. auf die Situation bezogenen theologischen Gründen. Oder letztlich nur, weil der Krieg der Kirche noch zu wenig nützte?... Im Afghanistan-Krieg (seit 2001) sind die Kirchenführer und ihre Militärgeistlichen jedenfalls wieder segnend dabei. Auch im Libyen-Krieg (2011) ."[10]

Die evangelische Kirche in heutiger Zeit erlaubt den „Krieg als letztes Mittel. In den letzten ca. 200 Jahren ließ sich folgendes beobachten: Immer wenn die evangelische Kirche in Deutschland am Boden lag, predigte sie den Krieg-im Gegensatz zu Jesus von Nazareth. Das Elend des Krieges trieb die Leute zurück in die Kirche. Menschen wurden getötet, Länder wurden zerstört und die Kirchen hatten wieder großen Zulauf...Und wie ging es nach 1945 weiter? Die

---

[8] Vgl. Kleines Bibellexikon Berlin und Altenburg 1988 Seite97 f.

[9] Marx, Karl Erste Adresse des Generalrats über den Deutsch-Französischen Krieg. In: MEW 17 Seite 7.

[10] Zeitschrift „Der Theologe":Hrsg. Dieter Potzel, Ausgabe Nr. 6: Die Kirche-immer für den Krieg: Die evangelische Kirche 1813, 1870/71, 1914-18, 1939-19454- Katholische und evangelische Kirche und Krieg heute. Wertheim 1999, zit. nach http://www.theologie.de/theologe6.htm, Fassung vom 22.5.2011. Seite 2.

Kirchen trieben die Wiederbewaffnung (West – K.E.) Deutschlands voran, befürworteten die Atomrüstung der Westmächte und übten sich schon einmal in der Verharmlosung apokalyptischer Schreckensszenarien.

So erklärte z.B. der damals mittlerweile zum EKD-Vorsitzenden beförderte Landesbischof Karl Otto Dibelius: „…Selbst die Anwendung einer Wasserstoffbombe sei vom christlichen Standpunkt aus nicht einmal eine so schreckliche Sache, da wir alle dem ewigen Leben zustreben. Wenn eine solche Bombe eine Million Menschen töte, so erreichten die Betroffenen umso schneller das ewige Leben."[11]

Die ehemalige Bundesbeauftragte der „Stasi-Unterlagenhörde" hielt den Berliner Bischof Dibelius (gestorben 1967) vor allem wegen seiner Streitschrift gegen die DDR und seines Aufrufes an die DDR-Christen zum Widerstand für so bedeutsam, dass sie eine Veranstaltung am 17.September 2009 in Berlin zelebrieren ließ.[12]

Aber nicht nur der deutsche Alt-Faschist und kalte Krieger Dibelius bestimmte die Richtung der evangelischen Kirchen in beiden deutschen Staaten.

Nicht vergessen soll werden, dass es evangelische Christen beider Staaten waren, die seit 1980 Friedensdekaden feierten und „dabei nach einer von der EKD und BEK vereinbarten liturgischen Ordnung gemeinsame `Bittgottesdienste´ für den Frieden in der Welt'" veranstalteten.

Im September 1979 äußerten sich EKD und BEK aus Anlaß des vierzigsten Jahrestages des Beginns des Zweiten Weltkrieges erstmals gemeinsam zum Thema Frieden; neben weiteren `Worten´ zur Friedenssicherung sind Stellungnahem zur ` Versöhnung und Verständigung´ mit der UdSSR sowie zum `50. Jahrestag des Progroms im November 1938´ erwähnen."[13]

Eingedenk der Tatsache, dass die beiden deutschen Großkirchen, zwar sehr unterschiedlich und differenziert, die schwersten Vorwürfe gegen jede Art von Sozialismus- als Vorstufe des Kommunismus erheben, will ich versuchen, nach nunmehr zweiundzwanzig Jahren Anschluss der DDR an die BRD die Wirklichkeit beider deutscher Staaten auf diesem sensiblen Gebiet zumindest anzudeuten.

---

[11] A. a. O. Seite 8.

[12] Vgl. http://www.frielichereolution .de/ndexo.php?d=49&tx

[13] Graf, Friedrich Wilhelm Die evangelischen Kirchen als kritische Institution und Brücke zwischen Ost und West. In: Klemann/Misselwitz/Wichert (Hg) Deutsche Vergangenheiten – eine gemeinsame Herausforderung. Der schwierige Umgang mit der doppelten Nachkriegsgeschichte. Berlin 1999 Seite 223.

Zunächst, eigentlich selbstverständlich, muß festgestellt werden, die Christen in der DDR waren als Staatsbürger in ihre Gesellschaftsordnung integriert- sie waren ein Teil von ihr.

Heuer ist zuzustimmen, wenn er ausführt, dass es im Verhältnis Staat und Kirche in der DDR darum ging eine „strategische Konzeption der länger dauernden Koexistenz von Staat und Kirche, Marxismus und Religion" zu erarbeiten. Diese Konzeption „war von überzeugten Sozialisten konzipiert und ermöglichte eine Koexistenz beider Seiten ohne große nicht beherrschbare Konflikte bei eindeutiger Dominanz der Staatsmacht und des von ihr intendierten Marxismus. Das hing natürlich auch mit den besonderen Bedingungen eines Sozialismus zusammen, der in einem geteilten Lande in dem wesentlich kleineren und schwächeren Ostteil aufgebaut werden sollte und bis zum Schluss von dieser Situation geprägt war. Einerseits war von Deutschland der Zweite Weltkrieg ausgegangen, war die große Mehrheit des deutschen Volkes Hitler jahrelang gefolgt (einschließlich der Christen und ihrer Repräsentanten – K.E.) hatte es hier zwar Widerstand, aber bis zum Schluss keine Erhebung gegeben. Andererseits war Deutschland, auch Ostdeutschland ein entwickeltes Industrieland mit einer traditionell starken Arbeiterbewegung, war Deutschland von den vier Siegermächten besetzt…waren hier noch weit mehr Kompromisse als in den anderen osteuropäischen Ländern erforderlich, wobei das Erstaunliche ist, dass ein Sozialismus, der zu Kompromissen gezwungen ist, offenbar anziehender wirken kann. *Das Ende dieses Weges ging nicht von der Kirche aus, sondern von der Veränderung des gesamten Kräfteverhältnisses, national wie international.*"[14]

Die zuletzt geäußerte Bemerkung Heuers ist deshalb im gegebenen Zusammenhang auch von besonderer Bedeutung, weil häufig unwidersprochen so getan wird, als hätte der von Teilen der evangelischen Kirche geführte (aktive und passive) Widerstand in der DDR, zum „Zusammenbruch des diktatorischen SED- Regimes" oder „das gesamte System von Abhängigkeiten und Verstrickungen"[15] mit der Staatsmacht dazu geführt.
Gemeint ist damit z. B. die inoffizielle Zusammenarbeit mit dem MfS.

---

[14] Heuer, Uwe-Jens Staat und Kirche in der DDR. In: Marxismus und Glauben Hamburg 2006 Seite 212 f. Hervorhebungen – K.E.)
[15] Stier, Christoph „Um der Kirche willen"-Regelüberprüfung und kirchenleitenden Handeln in der Evangelisch-Lutherischen Landeskirche Mecklenburgs. In: Vollnhals, Clemens (Hg) Die Kirchenpolitik von SED und Staatssicherheit. Zweite Auflage Berlin 1997 Seite 419.

Landesbischof Stier wendet sich in einem Rundschreiben dagegen, dass öffentliche Anschuldigungen in Presse, Rundfunk und Fernsehen den Eindruck vermitteln können „als sei der Kirche insgesamt zu mißtrauen."[16]

Die Kirche mit ihren Krakenarmen ist ja eigentlich etwas Gutes- nur der von der Staatsmacht (verführte) Kirchenbedienstete hat gefehlt.

Anfang der neunziger Jahre gehörte es zum guten Ton bestimmter „Geschichtsaufarbeiter" die Konterrevolution in der DDR als „Protestantische Revolution" zu benennen.[17]

Betrachtet man unter diesem Aspekt die Fachbibliothek des Bundebeauftragten für die MfS- Unterlagen (BStU), allein die Bibliographie zum MfS der DDR die Kirche und Staatssicherheit betreffend, dann wird der *Umfang* der „Aufarbeitung" deutlich.[18] Auf den Inhalt soll im Folgenden etwas näher eingegangen werden. Ich will mich auf die auf die drei Nordbezirke (Neubrandenburg, Rostock und Schwerin) dem heutigen Bundesland Mecklenburg-Vorpommern und ihren evangelischen Kirchen beispielhaft konzentrieren.

Während der Existenz der DDR und auch danach, gehört es zur Verfälschungsstrategie gegen den ersten sozialistischen Staat auf deutschen Boden, auch sein Verhältnis zur Religion und Kirche *zumindest* zu entstellen.

In einer Vielzahl von Veröffentlichungen nach Anschluss der DDR wird über die Kirchenpolitik der DDR und insbesondere über die Tätigkeit des MfS berichtet.[19]

Oft sehr einseitig und tendenziös wird das Verhältnis von Staat und Kirche dargestellt.

Das liest sich dann noch im Jahre 2011 u.a. folgendermaßen: „Die Kirchen gerieten nicht selten unter Verdacht, gegen die politischen Verhältnisse in der

---

[16] Rundscheiben des Landesbischofs vom 25. November 1990. In: Ebenda Dokument2 Seite 425.

[17] Heinecke, Herbert Konfession und Politik in der DDR… Leipzig 2002 Seite 12 unter Hinweis auf Neubert, Herbert Eine protestantische Revolution, Osnabrück 1990.

[18] Diese Bibliographie hat unter Ziffer 3.4. mit Stand Dezember 2010 einen Umfang von 28 Seiten, wobei jede Seite 9 -10 Quellen umfasst.

[19] Als Beispiele: Besier, Gerhard : „Der SED-Staat und die Kirche. Der Weg in die Anpassung" München 1993 und Derselbe „Der SED-Staat und die Kirche 1969-1990. Die Vision vom `Dritten Weg'" Berlin/Frankfurt a.M. 1995 Das Quellen- und Literaturverzeichnis umfasst etwa 80 Seiten; Frank, Rahel „Realer-Exakter-Präziser"? Die DDR-Kirchenpolitik gegenüber der Evangelisch-Lutherischen Landeskirche Mecklenburgs von 1971 bis 1989. Schwerin 2008. von Saß, Rahel Der „Greifswalder Weg" Die DDR-Kirchenpolitik und die Evangelische Landeskirche Greifswald 1980 bis 1989Schwerin 1998. Vollnhals, Clemens (Hg.) Die Kirchenpolitik von SED und Staatssicherheit zweite Auflage Berlin 1997;

DDR zu opponieren. Das lag an ihrer weitgehenden Eigenständigkeit, an der christlichen Botschaft, die von den kommunistischen Ideologen als konkurrierendes Sinn- und Erklärungsangebot abgelehnt wurde, sowie an ihrem Beharren auf Mitsprache und Gestaltungsanspruch in gesellschaftlichen Fragen."[20]

Als Beispiel soll ein Papier der Universität Hannover Institut für Politische Wissenschaft gelten[21]: Im Zusammenhang mit einer Erklärung Otto Grotewohls vom 10.Juni 1953 wird auf sein Versprechen hingewiesen, „die Enteignung kirchlicher Einrichtungen rückgängig" zu machen. Damit wird ohne jeglichen Beweis einfach behauptet, dass es *Enteignungen kirchlicher Einrichtungen*, was immer darunter verstanden werden kann, in der SBZ/DDR gegeben hätte.[22]

Onnasch[23] beschreibt dagegen z.B. den Grundbesitz der Kirchen als ein Problemfeld besonderer Art. In den Auseinandersetzungen in Mecklenburg-Vorpommern zwischen der DDR-Führung und den beiden Landeskirchen ging es im Wesentlichen um die Erhaltung der Gebäude und der Pfarrbesoldung die von der Bodenreform kaum geschmälert wurden. „Der kirchliche Landbesetz (stellte) ein beachtliches Vermögen dar, das aber aufgrund der wirtschaftlichen Interessen der DDR-Führung den Landeskirchen kaum Gewinne einbrachte, sondern sogar meistens erhebliche Zuschüsse erforderte. Die Auseinandersetzungen um die landwirtschaftlichen Betriebe der beiden Landeskirchen beschäftigten die staatliche und die kirchliche Verwaltung regelmäßig, wenn auch die bei der SED und Regierung *zeitweise erwogene Enteignung nie zustande kam*"[24]
Keineswegs unbeachtet darf bleiben, dass es in der Verordnung über die Bodenreform im Lande Mecklenburg-Vorpommern vom 05. September 1945 im Artikel II 5 d heißt, dass von der Reform ausgenommen war, „der Grundbesitz der Klöster, kirchlichen Institutionen, Kirchen und Pfarrgemeinden."[25]

---

[20] Halbrock, Christian/Kowalczuk, Ilko-Sascher Kirchen, Bekämpfung und Infiltration…In: Das MfS-Lexikon. Begriffe, Personen und Strukturen der Staatssicherheit der DDR. Berlin 2011.Seite 180.
[21] Wintersemester 2000/2001 „Spagat zwischen Kirche und Staat" Die politisch-theologische Entwicklung der evangelischen Kirchen in der DDR von Ihren Anfängen bis 1969
[22] A. a. O. Seite 10.
[23] Vgl. Onnasch, Martin Die Rolle der Kirchen im politischen System der DDR. In: Landtag Mecklenburg-Vorpommern Leben in der DDR, Leben nach 1989- Aufarbeitung und Versöhnung. Zur Arbeit der Enquete-Kommission. Expertisen und Forschungsstudien zum Thema „Kirche und Staat". Band VII Schwerin 1997 Seite 14 .Hervorhebungen K.E.

[24] Ebenda.
[25] Vgl. Onnasch a.a.O. Seite 15, Fußnote 16.

Die Flut und Fülle an Literatur bezieht sich vornehmlich auf Einzelaspekte von „innerkirchlichen Konfliktlinien" in der DDR, die *vielleicht als unbewusste* Rechtfertigung der damaligen Position und Politik der Kirche zum Staat DDR verstanden werden können. Heinicke bezeichnet diesen Sachverhalt als „Selbstrechtfertigung durch die in der öffentlichen Diskussion (geübte) heftige Kritik an den Kirchen bzw. einzelnen Repräsentanten."[26]

2.   Das Verhältnis von DDR-Staat und evangelischer Kirche vor und nach dem Anschluß

Rahel Frank beschreibt in ihrem Buch[27], die sogenannte Aufarbeitung der SED-Kirchenpolitik nach dem Anschluß der DDR an die BRD innerhalb der mecklenburgischen Landeskirche. Die Aufarbeitung wird im Wesentlichen auf Aktenmaterial des MfS gestützt. Als Herausgeber zeichnet der „Landesbeauftragten für Mecklenburg-Vorpommern für die Unterlagen des Staatssicherheitsdienstes der ehemaligen Deutschen Demokratischen Republik" verantwortlich. Es handelt sich um eine Auftragsarbeit dieser Behörde.

Juristisch sagt man dazu privates Gefälligkeitsgutachten!

Der Landebeauftragte beklagt „die unzureichenden juristischen bzw. arbeitsrechtlichen Rahmenbedingungen bei der Aufarbeitung von Stasiverwicklungen kirchlicher Mitarbeiter" sie hätten „zu einer Ernüchterung und in manchen Fällen zu einer neuen Form von Resignation geführt."[28] Was unter *unzureichenden juristische Rahmenbedingungen* oder unter *neuen Formen von Resignation* verstanden werden soll, bleibt weitgehend im Dunkeln und bleibt unkommentiert. Ohne auf das Problem kirchlichen Arbeitsrechts einzugehen, soll aber nicht unberücksichtigt bleiben, dass es einer staatlichen Behörde und ihrem Landesbeauftragten nicht zustehen sollte, sich über *arbeitsrechtliche Rahmenbedingungen* innerhalb der Kirche, zu äußern. Mit strikter Trennung Kirche/Staat hat das nichts zu tun.
Trotzdem soll das Buch von Rahel Frank als Beispiel für die „Aufarbeitung" der Geschichte des Verhältnisses von Staat /Kirche in der DDR gelten. Die

---

[26] Heinicke, Herbert a. a. o. O. Seite 17.
[27] Frank, Rahel "Realer- Exakter-Präziser" Die DDR-Kirchenpolitik gegenüber der Evangelisch-Lutherischen Landeskirche Mecklenburgs von 1971 bis 1989, 2. Auflage, Schwerin 2008. Das Buch hat einen Umfang von 581 Seiten.
[28] A. a. O. Seite 10, Einleitung von Jörn Mothes.

Beantwortung der Frage nach den Zielen der Politik der SED in Kirchenfragen wird davon abhängig gemacht, „in welchem Maße es der jeweiligen Landeskirche gelang, Abwehrmechanismen auszubilden, und auf welche Persönlichkeiten, Traditionen und spezifischen organisatorischen Gegebenheiten sie sich dabei stützen konnte."[29]

Die mecklenburgische Landeskirche sei „die einzige in der DDR (gewesen), die unter Führung ihres damaligen Landesbischofs Stier den Kontakt zur SED vollkommen abbrach und so in aller Öffentlichkeit ihre Unabhängigkeit vom totalitären Staat demonstrierte."[30]

Die Frage könne nicht beantwortet werden, ob es überhaupt eine eigenständige Kirchenpolitik der SED gab oder ob es sich vielmehr um eine MfS-Kirchenpolitik gehandelt hätte. Diese Frage wird aber damit beantwortet, dass aus den umfangreichen Aktenbeständen des MfS „sich kein Hinweis auf eine eigenständige" MfS- Kirchenpolitik ergibt.[31] Wozu wurde diese Frage überhaupt gestellt?

In einem Interview vom 16. Januar 2001 beschreibt der Altbischof Christoph Stier seine Haltung in Gesprächen mit staatlichen Stellen der DDR (*obwohl er den Kontakt zur SED vollkommen abbrach?*)

„Der erste Grundsatz war: Unterscheide die Ebenen. Der zweite Grundsatz war: Gehe niemals allein zu Gesprächen. Ganz wichtig war mir, dass wir uns gegenseitig informieren und unser Verhalten koordinieren. Wir wollten nicht Opposition sein, sondern Position beziehen. Wir wollten keine Abhängigkeiten eingehen, um uns Privilegien zu sichern, sondern wir wollten Unabhängigkeit und damit die Trennung von Staat und Kirche. Wir wollten keine Konfrontation, sondern das Gespräch, aber immer innerhalb überschaubarer Verabredungen. Es gab auch sensible Bereiche…Das waren Bereiche in denen wir wussten, dass der Staat die Kirche hier sehr genau beobachtete und wir entsprechend gut vorbereitet in die Gespräche gehen mussten."[32]

Zusammenfassend zur Problematik die mecklenburgische Landeskirche im Visier von Staat und Partei den Oberkirchenrat betreffend (Seite 78 bis 189) wird aus dem Bericht des Landesbischofs der Landessynode im März 1993 zitiert, indem es heißt: „Die gesamte Stasi-Debatte läuft immer wieder auf einen springenden Punkt zu: Wie steht es in der Kirche mit dem Vertrauen und der Verläßlichkeit untereinander? Auf vielfache Weise ist Vertrauen mißbraucht und

---

[29] A.a.O. Seite 12.
[30] A. a. O. Seite 13.
[31] Vgl. a.a.O. Seite 15.
[32] A. a. O. Seite 114 f.

zerstört worden. (…) An diesem Prozeß waren IM beteiligt. Deshalb bleibt es ein wesentliches Anliegen unseres Ringens um Offenlegung und Versöhnung, Vertrauen und Verläßlichkeit untereinander zu stärken."[33]

Wie die „gesamte Stasi-Debatte" in der evangelischen Kirche geführt wurde und beispielsweise mit Berufsverbot endet, wird exemplarisch im lesenswerten Weißbuch „Kirche im Sündenfall" der GBM[34] an Hand konkreter Belege verdeutlicht.

Frielinghaus[35] schreibt in seinem Nachwort: "Seit der sogenannten Wende beurteilt auch die evangelische Kirche die vorangegangene sogenannte Staatsnähe mancher ihrer Mitarbeiter. Als Kirche verzeiht sie alles oder fast alles. Sie macht nur eine kleine Bedingung. Der oder die Gefallene möchten bitte sagen `aus heutiger Sicht´. Wenn schon nicht damals, es mag ja gut gemeint gewesen sein, mußt du doch aus heutiger Sicht zugeben, daß es grundfalsch war und dir leid tut.

Die das nicht sagen wollen, machen die skandalösen, langwierigen, quälenden Fälle aus. Verurteilt in den Medien, bloßgestellt und ausgegrenzt in Arbeitsfeld und Kollegenschaft, beurlaubt, amtsenthoben mit empfindlichen wirtschaftlichen Folgen für die Familie mit Kindern in der Ausbildung und vor ein Disziplinargericht gestellt, wohlgemerkt in dieser Reihenfolge."[36]

Oertel, ehemals Sportreporter der DDR, blickt auf die Vergangenheit der Kirche und schreibt: „Wollte man zusammenzählen, wie oft in der Geschichte Menschen (von der Kirche- K.E.) ein X für ein U vorgemacht wurde, wir gelangten zu einer erschreckenden Zahl mit vielen, vielen Nullen." Als Beispiele benennt er aus den Thesen Rousseaus anno 1794, der per Gesetz dem Volke das „Dasein Gottes" und den „Kult des Höchsten Wesens" verordnete; die Formel „im Namen des Herren"; Luthers „eine feste Burg ist unser Gott"; Ferdinand Meyers „was Gott ist wird in Ewigkeit kein Mensch ergründen…"[37]

„Im Anfang schuf Gott Himmel und Erde. Durch Erschaffung des Menschen nach dem Ebenbild Gottes war das letzte Schöpfungswerk erreicht.[38]

---

[33] A. a. O. Seite 189.

[34] Unfrieden in Deutschland (4) , Weissbuch Kirche im Sündenfall. Als Pfarrer in Kapellendorf. Mit einem Nachwort von Dieter Frielingshaus. Herausgeber: Gesellschaft zum Schutz von Bürgerrecht und Menschenwürde e.V. (GBM). GNN-Verlag Sachsen/Berlin GmbH 1995.

[35] Frielinghauas, Dieter so heißt es bei Wikepedia „ist ein evangelisch-reformierter Pastor, Mitglied der DKP und ehemaliger inoffizieller Mitarbeiter der DDR-Staatssicherheit"(abgerufen am 27.03.2012).

[36] Ebender: Unfrieden in Deutschland (4) a.a.O. Seite 457.

[37] Oertel, Heinz Florian Gott sei Dank. Schluß mit der Schwatzgesellschaft 6. Auflage, Berlin 2007 Seite 139f.

[38] Bibel Das Buch Genesis 1 ,27

Ich möchte es in diesem Zusammenhang nicht versäumen, auf das Grundgesetz für die BRD zu verweisen, indem es im ersten Satz der Präambel lautet: „ Im Bewußtsein seiner Verantwortung vor Gott und den Menschen" ...wurde dieses Grundgesetz für die BRD „beschlossen".

Wendelborn beschreibt dem Grunde nach eine deutsche Besonderheit, indem er ausführt: „Ich war und bin überzeugt, daß für das Heil des Menschen der rechte christliche Glaube unverzichtbar ist, für das Wohl des Menschen dagegen die sozialistische Gesellschaftsgestaltung."[39]

An anderer Stelle, die CDU der DDR einschätzend führt er aus: Das diese Partei die sozialistische Gesellschaft mitgestalten wollte, „nicht in klerikalem Sinne, als gehe es um eigene Durchsetzung gegen andere, sondern im Sinne selbstlosen Dienstes, der aber jedem Bürger und also auch den Christen zu Gute kam."

Die CDU der DDR war trotz Namensgleichheit völlig anders geprägt als die bundesdeutsche CDU.[40]

In den 41 Jahren der Existenz der DDR vollzogen sich im Verhältnis sozialistischem Staat und Kirche, von Theologen zur marxistischen Theorie und von marxistischen Wissenschaftlern zur christlichen Theologie Wandlungen, die eng mit dem jeweiligen Entwicklungsstand dieser sozialistischen Gesellschaft in der DDR verbunden waren. Es gibt demnach nicht ein *festgefügtes Verhältnis* zwischen Staat und Kirche, das über die gesamte Existenz der DDR unverändert, unverrückbar war.

Kleßmann beurteilt die Geschichte dieses Verhältnisses trotz aller Tiefpunkte als mühsamen „doppelseitigen Lernprozeß... Der Staat mußte sich zu jenem Minimum an Toleranz gegenüber organisierten Andersdenkenden bequemen, das in der Verfassung verankert war, durch die administrative Praxis aber immer wieder unterlaufen wurde; die Kirche mußte fundamentaloppositionelle Positionen aufgeben, die Eigenständigkeit der DDR und der Kirche im Sozialismus´ akzeptieren und damit auch gesamtdeutsche Rückzugspositionen

---

[39] Wendelborn, Gert Christentum und Sozialismus. Als Theologieprofessor in der DDR. Bonn 2010 S. 69.
[40] A.a.O. S. 73.

räumen, wenn sie Einfluß auf das politische und gesellschaftliche Leben behalten wollte."[41]

Dass das Verhältnis Staat und Kirche, wie jedes Verhältnis, aus zumindest zwei Seiten besteht soll an den drei folgenden Beispielen belegt werden:

Erstes Beispiel:

Aus dem Jahre 1959 liegt ein Schreiben vor, das vermutlich allen verantwortlichen Kirchenmitarbeitern zur Kenntnis gebracht wurde und das „für Zusammenkünfte mit staatlichen Stellen folgende Grundsätze" aufstellte:
„a) Wenn eine staatliche Stelle (Bezirk, Kreis) den Wunsch nach einem Gespräch mit kirchlichen Amtsträgern äußert, prüft der zuständige Landessuperintendent, ob eine Zusammenkunft angebracht ist und entscheidet- evtl. nach Fühlungsnahme mit dem Oberkirchenrat.
b) Die Einladung der Amtsbrüder und ihre Auswahl geschieht allein durch den Landessuperintendenten. (…) Die Leitung der Zusammenkunft liegt in der Hand des Landessuperintendenten.
c) Vor der Zusammenkunft versammelt der Landessuperintendent soweit möglich die Amtsträger zur Festlegung und Besprechung der Punkte, die behandelt werden sollen. Dabei ist zu bestimmen, von wem die einzelnen Punkte zur Sprache gebracht werden sollen. Es ist darauf hinzuwirken, daß in der Beurteilung der einzelnen Angelegenheiten Einmütigkeit besteht und zum Ausdruck kommt.
d) Bewirtung ist nicht erwünscht.
e) Von allen Zusammenkünften ist der Oberkirchenrat rechtzeitig zu benachrichtigen, damit er Gelegenheit hat, evtl. einen Vertreter zu entsenden.
f) Über jede Zusammenkunft ist dem Oberkirchenrat ein Bericht (drei Stücke) einzureichen."[47]

Ohne auf Details einzugehen, sollte aber beachtet werden, dass hier weder die SED- Leitungen, noch das MfS direkt genannt wurden.

---

[41] Kleßmann., Christoph Zwei Staaten , eine Nation. Deutsche Geschichte 1955-1970. Zweite Auflage Bonn 1997 Seite 395.
[47] Evangelisch-Lutherische Landeskirche Mecklenburg LKA, II 10 Bd. 4, 473, Dok. 576/II 10. Zitiert in: Frank, Rahel a.a.O. Seite 237.

Zweites Beispiel: Kirchengeschäft A

Das „*Kirchengeschäft A*" der EKD, später die fünf westdeutschen Landeskirchen sorgten dafür, dass die DDR im ersten Vierteljahr 1957 u.a. 60.000 Tonnen Steinkohle aus der BRD erhielt.

Die DDR-Regierung sollte dafür als Gegenleistung den östlichen Gliedkirchen den Gegenwert in Mark der DDR zu einem höheren Umrechnungsfaktor (als 1:1- K.E.) gutschreiben.[48]

Nitz[49] schreibt zum Kirchengeschäft A, dass es auch um Lieferungen von Naturkautschuk, Wolle, Wolframerz, Kaffee, Kakao, Kupfer, Quecksilber und Diamanten an die DDR ging.[50]

Drittes Beispiel: „Häftlingsfreikauf"

Wegen seiner großen Bedeutung für beide deutsche Staaten und die evangelische Kirche soll der Freikauf von „politischen" Strafgefangenen der DDR etwas näher und umfassender beleuchtet werden.

Unter der Bezeichnung „Kirchengeschäft B" beschreibt Besier, wie Strafgefangene aus der DDR unter Berechnung von 40.000 DM-West als Warenwert, *freigekauft* wurden. Die evangelische Kirche (hier das Diakonische Werk) übernahm im Auftrag der Bundesregierung im *Interesse der Menschen* die Abwicklung des Geschäftes „ganz nach dem Muster des Kirchengeschäftes A"[51].

Als Begründung für den Häftlingsfreikauf soll RA Wolfgang Vogel (seitens der DDR-Seite) den volkswirtschaftlichen Schaden geltend gemacht haben, „der dem sozialen System und der Gesamtheit zugefügt worden ist."[52] Nitz verweist auf eine Schadenberechnung für den Zeitraum 1950 bis zum 13. August 1961, auf den Verlust Hunderttausender Facharbeiter, Ingenieure, Ärzte, Lehrer, Wissenschaftler durch Abwerbung in Höhe von 100 bis 104 Milliarden Westmark.[53] An anderer Stelle wird darauf verwiesen, dass auf Grund des

---

. [48] Besier, Gerhard a. a. O. Der SED-Staat und die Kirche…. S.242.

[49] Nitz, Jürgen Unterhändler zwischen Berlin und Bonn Berlin 2001.

[50] Vgl. a.a.O. Seite 44.

[51] Besier a.a.O. Seite 538.

[52] A. a. O. unter Zitierung von J. Schmidthammer, Rechtsanwalt Wolfgang Vogel. Mittler zwischen Ost und West, Hamburg 1987 S. 87

[53] Nitz ebenda.

Kirchengeschäftes B „rund 3,5 Milliarden DM über Kirchenkanäle in die Kassen der DDR" flossen.[54]

Paulsen[55] macht darauf aufmerksam, dass es die evangelische Kirche in beiden deutschen Staaten war, die „wichtige Vermittlungen für die Zusammenführung von Familien und den Freikauf von politischen Häftlingen der DDR" leistete.

Nitz[56] gibt die Zahlen der freigekauften politischen Häftlinge von 1964 bis 1989 mit 33.755, die Zahl der Familienzusammenführungen für den gleichen Zeitraum mit 215.019 und die gezahlten Beiträge der Bundesregierung mit 3 Milliarden 436 Millionen 900 Tausend 755,12 an. Als Währung wird DM (West) angesehen. Als Quelle dienen die Büroakten von Rechtsanwalt Vogel.

Der Häftlingsfreikauf (das Kirchgeschäft B) „führte zu kuriosen und für die DDR-Politik oft peinlichen Vorkommnissen. Mit dem Ziel, inhaftiert und `freigekauft´ zu werden, begingen junge, männliche Bürger Straftaten. Recht oft gingen solche Bürger zu den Grenzübergangsstellen, legten ihren DDR-Personalausweis vor und forderten ihre Ausreise. Diese Handlung allein führte jedoch im Regelfall nicht zur Verurteilung. Also wurden echte Straftaten begangen. Oft auch kriminelle Delikte. Das war für den `Häftlingsfreikauf´, bei dem es um politische Dimensionen gehen sollte, unpassend.

Damit wurde ein generelles Problem sichtbar. Mit dem `Freikauf´ wurden in beachtlichen Umfang Kriminelle `gekauft´."[57]

Anzumerken sei in diesem Zusammenhang, ob es sich hier um „echte Kriminelle" oder grundsätzlich um *Ausreisewillige* aus der DDR handelte, bleibt im Dunkeln. Wenn Paulsen von der politischen Dimension des Freikaufs schreibt, dann stellt sich doch die Frage, für welche Seite es sich um eine politische Dimension gehandelt haben könnte, zumal die DDR-Führung stets leugnete, dass es überhaupt politische Straftaten gegeben hätte. Wenn es keine „politischen Straftaten" gab, dann gab es auch keine „politischen Häftlinge".

Die Straftat des Ungesetzlichen Grenzübertritts (bis 1968 strafbar nach § 8 Paßgesetz und danach § 213 StGB der DDR) blieb bei erfolgreicher Verwirklichung immer straflos. Der Täter hatte sich in den Schutzbereich des Grundgesetzes für die BRD begeben, die Strafbestimmungen der DDR blieben wirkungslos.

---

[54] A. a. O. Seite 47.

[55] Paulsen, Werner Westreisen. Zum Reiseverkehr von Bürgern der DDR nach NATO-Staaten und Berlin (West). Berlin 2011 Seite 62 f..

[56] Nitz a.a.O. Dokument 1 Seite 186.

[57] Paulsen a.a.O. Seite 63 f.

Buchholz umreist die Problematik wie folgt: „Bei erfolgreicher `Flucht´ wurden die Grenzverletzer – Straftäter!- im Westen nicht nur nicht verfolgt oder ausgeliefert, sondern mit offenen Armen aufgenommen und besonders, auch finanziell, unterstützt; ihnen wurde nach ihrer gelungenen Tat, also auch Straftaten begünstigend, vielfältige Hilfe und Förderung zuteil (hier soll es genügen, auf das `Häftlingshilfegesetz´ von 6.8.1955 zu verweisen)" [58]

Ergänzend folgende Stichwörter: „Flüchtlinge aus Mitteldeutschland", „Innerdeutsche Grenze", „Deutscher im Sinne des Grundgesetzes" (Art. 116 GG für die BRD), „Obhutspflicht für alle Deutschen" usw. usf.,

Auch das Kirchengeschäft B macht deutlich, dass zu einem „Geschäft" zumindest zwei Seiten/Staaten/Partner gehören. Diese Selbstverständlichkeit bleibt z. B. im „Deutschland Archiv" 7/2011 unbeachtet, wenn es unter der Überschrift "Freikauf" heißt „Das Geschäft der DDR mit politisch Verfolgten"[59].

Es gehörte zum politischen Geschäft auch zwischen den beiden deutschen Staaten, dass beide Seiten, wie bereits angedeutet, ihren Nutzen aus dem Kirchengeschäft B zogen. Egon Bahr nannte das einmal (in anderen Zusammenhängen) *ein Geflecht von Interessenausgleichen*. Günter Gaus, von 1974 bis 1981 Ständiger Vertreter der BRD in der DDR hielt fest, alles, was mit der DDR ausgehandelt wurde, sei von ihr auf Punkt und Komma erfüllt worden. Dafür gäbe es kein Gegenbeispiel. Bei zahlreichen Abkommen mit der DDR ging es darum, dass ein praktischer Nutzen für möglich viele Menschen seitens der BRD erstrebt wurde.[60]

Der praktische Nutzen des „Kirchengeschäftes B" für die DDR bestand eben darin, dass sie sich *einen Teil* des volkswirtschaftlichen Schadens (z.B. Facharbeiterausbildung oder Studium) ersetzen ließ. Die Höhe der Pauschale klingt unter den heutigen Erkenntnissen, für einen „angeschlossenen" DDR-Bürger wie ein Witz.

Buchholz macht auf eine Kehrseite des Freikaufs im Sinne der Aushöhlung und Untergrabung der Wirksamkeit des Strafrechts der DDR aufmerksam, indem er auf etwas völlig strafrechtlich Unnormales im Zusammenhang mit dem „Freikauf" hinweist: „Der Straftäter (hat) sein eigentliches Ziel, in den Westen

---

[58] Buchholz, Erich DDR-Strafrecht unter dem Bundesadler. Berlin 2011 Seite 46.
[59] http://www.bpb.de/themen/XLVXS,O,O,Freikauf.htm Podiumsgespräch Jürgen Engert mit Ludwig A. Rehlinger am 8. Juni 2011.
[60] Vgl. Gaus, Günter „Deutsch-deutsche Beziehungen Unvermeidliche Grauzone" In: Wo Deutschland liegt. Eine Ortbestimmung. Frankfurt am Main/Olten/Wien 1983 Seite 250 f.

zu gelangen, *über die Begehung einer Straftat und seine Verurteilung* mit einem Höchstmaß an Wahrscheinlichkeit" erreicht, „auch wenn er zu diesem Zweck – gefahrlos – sich einer Strafverfolgung aussetzte und ein *–begehrtes! –* Strafurteil erwartete und entgegennimmt."[61]

Beim Freikauf handelte es sich nach Ansicht von Buchholz „um eine von *Staats wegen offen in erheblichem Umfang betriebene Übung* der erstrebten Strafverfolgung und Verurteilung – eine *Pervertierung des Strafrechts und seiner Funktionen!* Die betreffenden Stellen und Behörden der Bundesrepublik wie auch der DDR, die an dieser Praxis beteiligt waren, agierten so als Komplizen der Straftäter, indem sie diesen bereits vor Ausführung der Tat – wie auch immer- zusicherten, ihnen entsprechende Begünstigung zu erweisen. Das dürfte in der Geschichte des Strafrechts ein ziemlich einmaliger Fall sein. Die Strafverfolgung wird zum Mittel, zum Vehikel zur Erreichung des subjektiv angestrebten Zieles."[62] Dies konnte nur deshalb funktionieren, weil sowohl die DDR-Seite wie auch die BRD-Seite grundsätzlich „harmonierten". Buchholz ist zuzustimmen wenn er von einer Pervertierung des Strafrechts aus politischen Gründen ausgeht. „Strafverfolgung, Verurteilung und Strafvollzug waren in solchen Fällen nur ein in prozessuale Formen gekleideter, juristisch drapierter Weg der Ausbürgerung betreffender Personen gegen staatlich verabredete Gegenleistung."[63] Ohne auf weitere Details einzugehen, ich denke z.B. an die „Familienzusammenführungen" und „Botschaftsbesetzungen", sei aber hier die Frage gestattet, wer hat seine Interessen vorrangig durchzusetzen, wer hat das Primat die Politik (Diplomatie) oder das Strafrecht?

Für die BRD bestand der Nutzen des Freikaufs vor allem darin, dass sie ihre geheuchelte Menschenfreundlichkeit gegenüber den „Opfern der Diktatur" zeigen konnte und der chronische Mangel an gutausgebildeten Fachkräften aller Art in der BRD zumindest teilweise behoben wurde.

Um die ganze Wahrheit zu erfassen, erwähnt Nitz den Fakt, dass es „bald zum Ritual deutsch-deutscher deutscher Spitzenbegegnungen gehörte, eine Liste mit Namen zu präsentieren. Beide Seiten gefielen sich in der Rolle, `menschliche Probleme ´zu lösen, wobei man geflissentlich übersah, daß man sie selbst erst geschaffen hatte."[64]

Erstmals im Jahre 1965 tauchte in einer Statistik der evangelischen Kirche neben 1.555 freigekauften Häftlingen auch 762 sogenannte

---

[61] Buchholz, Erich DDR-Strafrecht unterm Bundesadler, Berlin 2011 Seite 77.
[62] Ebenda. Seite 77 f.
[63] A. a. O. Seite 78
[64] Nitz a.a.O. Seite 45

Familienzusammenführungen   auf, die sich bis Anfang der 80er Jahre auf jährlich 7.500 steigerten.[65]

Nach 22 Jahren Anschluss der DDR sei die Anmerkung gestattet, dass diese nicht mehr sprudelnde Quelle des *Transfers* von Fachkräften aus der DDR sicherlich einer der Gründe ist, dass in der BRD nunmehr ein Fachkräftedefizit herrscht. Aber keine Bange: Es gibt ja genügend gut ausgebildete Kader aus den ehemaligen „Ostblockstaaten" und Entwicklungsländern sie müssen nur (gut) der deutschen Sprache mächtig sein!

In einer Übersicht einer Bundesbehörde, die „Reise, Ausreise, Flucht" bzw. „Ausreisewillige ohne Genehmigungsvoraussetzungen nach DDR-Recht" als die „Hauptproblemfelder für die Staatsicherheit" bezeichnet[66] werden die genehmigten Übersiedlungen *zusammen* mit dem Häftlingsfreiauf genannt. Der *Freikauf* läßt sich nach dieser Statistik nicht mehr von den *genehmigten Übersiedlungen* trennen, er wird praktisch, was die Größenordnung betrifft, verschleiert.

Ein weiterer beispielhafter Gesichtspunkt:

Ditfurth hebt in einem Artikel[67] den Widerstand eines Superintendenten hervor, der sämtlichen „Disziplinierungsversuchen des Staates *und seiner Kirchenleitung*" widerstand und dafür „die unabhängigen Friedens-, Ökologie – und Ausreisegruppen in seinem Amtsbezirk" unterstützte.

Gleichermaßen erkennt der Autor an, dass der „Streit über Anpassung oder Widerstand sollte nach dem Willen von SED und Stasi *innerhalb* der Kirche ausgetragen werden …*Kirche sollte Kirche bleiben*, das Evangelium verkünden und sich nicht in Belange von Partei und Regierung einmischen...[68]

Anders ausgedrückt, eine strikte und konsequente Trennung von Staat und Kirche und das trotz oder wegen der „Bearbeitung" der Kirche durch das MfS!

Unter der Überschrift „Munitionslieferant für die geheime SED-Kirchenpolitik: Das Referat Familienforschung im Deutschen Zentralarchiv Potsdam" vergießt Leide[69] im Jahre 2007 Krokodilsträhnen darüber, dass die sich aus den

---

[65] Vgl. a.a.O. Seite 46.
[66] Anatomie der Staatsicherheit Geschichte StrukturMethoden (MfS-Handbuch) herausgegeben: Bundesbeauftragte für die Unterlagen des Staatssicherheitsdienstes der ehemaligen DDR, 2008 Seite 74 f.
[67] von Ditfurth, Christian: Die evangelische Landeskirche Sachsens und die SED. Internet: http://www.cditfurth.de/lakirche.htm
[68] Ebenda, Hervorhebungen K.E.
[69] Leide, Henry NS-Verbrecher und Staatssicherheit. Die geheime Vergangenheitspolitik der DDR. Dritte Auflage Göttingen 2007 Seite 162 bis 164.

Dokumenten des „Reichsministeriums für die kirchlichen Angelegenheiten", die 1957 bzw. 1959 von der UdSSR an die DDR übergeben wurden, sich „mannigfaltige Pressionspotenziale ergaben. Dazu gehörte z.B. die Entlarvung des ehemaligen Bundestagspräsidenten Gerstenmaier als Gestapo-Agenten und Zuarbeiten zum Globke-Prozeß.

In einer Expertise zu den Archivunterlagen des Reichskirchenministeriums vom 8. Februar 1990 heiß es, daß diese Sperrbestände „gesichert, durchgearbeitet und gegen den Missbrauch zum Schaden des Staates und der Kirche in der DDR geschützt" werden müssen.[70]

Vollnhals[71] bemerkt als Resümee seines Beitrages, dass „die Frage nach Erfolg oder Mißerfolg der Kirchenpolitik des MfS" nicht zu thematisieren sei. Aus den Unterlagen, die aus der „Gauck-Behörde" vorliegen, *können jedoch keine qualitativen Aussagen* zum realen Einfluß des MfS auf innerkirchliche Entscheidungen und Entwicklungsprozesse abgeleitet werden." Das MfS erfüllte seinen „geheimdienstlichen Informations- und Überwachungsauftrag, auch wenn ideologische Barrieren häufig einer unvoreingenommenen Analyse und Bewertung des inoffiziell erarbeiteten Informationsaufkommens im Wege standen…Als *Generalunternehmer für Sicherheit* informierte das MfS nicht nur. Vielmehr übernahm die kirchenpolitische Abteilung eine zentrale Koordinierungsfunktion bei der Durchsetzung der staatlichen Kirchenpolitik…. *Auch auf dem Feld der Kirchenpolitik handelte das MfS nicht autonom, sondern vollstreckte als ʻSchild und Schwert der Parteiʼ die politisch-ideologischen Vorgaben der SED-Führung…* "[72]

Ohne auf Hintergründe und Ursachen der öffentlichen „Selbstverbrennung" des Pastoren Brüsewitz auf dem Marktplatz in Zeitz am 18. August 1976 im Detail einzugehen, soll nicht unerwähnt bleiben, dass dieses Ereignis besonders *nach* dem Ende der DDR dazu benutzt wird, das Verhältnis SED/Kirche bzw. DDR/Kirche umzudeuten und zu verfälschen.

Niemand käme auf die Idee, die öffentliche „Selbstverbrennung" des Lehrers Hartmut Gründler, am Buß- und Bettag am 16. November 1977 in der Hamburger Innerstadt, neben Bundeskanzler Helmut Schmidt, Bundespräsident Walter Scheel oder Forschungsminister Hans Matthöfer gar der freiheitlich-demokratischen Grundordnung der BRD oder einer der Großkirchen anzulasten.

---

[70] A. a .O. S. 164, Fußnote 138.
[71] Vollnhals, Clemens Die kirchenpolitische Abteilung des Ministeriums für Staatssicherheit. In: Ebender (Hg.) Die Kirchenpolitik von SED und Staatssicherheit. Eine Zwischenbilanz. Zweite Auflage Berlin 1997 Seite 79 119.
[72] A. a. O. Seite 117 f.(Hervorhebung: K.E.)

Sicherlich gäbe es aus aktuellem Grunde (Atomkatastrophe in Japan) genug Anlaß, den Freitod Gründlers als Signal für die verfehlte Atompolitik *vieler* Bundesregierungen umzufunktionieren.[73] Der öffentliche Suizit Gründlers erfolgte nach aktueller Deutung aus „Protest gegen die Lügen der Atomindustrie." In einem Brief an Bundeskanzler Helmut Schmidt schrieb Gründler „Unter den 60 Millionen Menschen in der Bundesrepublik finde ich nicht eine Handvoll Helfer, die unentbehrlich sind. Es muß sie geben, irgendwo, geistig sind sie mir nahe, aber hier an Ort und Stelle finde ich sie nicht.[74] Mit der Auswahl dieses Zitates soll deutlich gemacht werden, dass es sich bei Gründler um einen „Einzeltäter" handelte, die sich gegen die Atom*industrie* wandte. Die Politik der jeweiligen Bundesregierung und ihre Bestätigung entsprechend der Mehrheitsverhältnisse im Bundestag bleiben unbeachtet. An anderer Stelle dieses Artikels heißt es, das während der Trauerfeier man sich ohne große Worte darauf verständigte, „dass Gründlers Tat ein Akt des Widerstandes" war.

Wie die Selbstverbrennung der 82-jährigen Alice Herz 1965 in Detroit aus Protest gegen den Vietnamkrieg, wie die des 20-jährigen Jan Palach 1969 in Prag aus Protest gegen die sowjetischen Panzer. Wie die Selbstverbrennung des Pfarrers Oskar Brüsewitz 1976 in Zeitz aus Protest gegen die SED-Diktatur."[75]

Während die öffentlichen Suizide Gründlers, Herz und Palach als Akte des Widerstandes, gegen - wen auch immer - eingeordnet werden, ist der Suizit von Brüsewitz wie selbstverständlich ein *Protest gegen die SED-Diktatur.*

Im Mittelpunkt aller Gemeinsamkeiten zwischen Kirche und Staat stand, wie es Walter Ulbricht zum Ausdruck brachte und an Aktualität nichts eingebüßt haben sollte, die Erhaltung des Friedens.
Ohne mich an der *inneren* Diskussion der Kirchen beider deutscher Staaten zu dieser lebenswichtigen Frage im Detail zu äußern, möchte ich aber Horst A. Edler[85] das Wort geben, der zum intensiven und leidenschaftlich geführten Streit zur Frage der Friedenssicherung im Jahre 1987 ausführte: „Angesichts der sich weiterdrehenden Rüstungsspirale und der Erfolglosigkeit von Abrüstungsverhandlungen sind sich die Kirchen in Ost und West ihrer

---

[73] Vgl. Reents, Edo „Sein Feind, das Atom". In: FAZ 06. April 2011 Seite 29.
[74] Keil, Karl „Flammende Wahrheit" Die Geschichte des Hartmut Gründler, der sich 1977 aus Protest gegen die Lügen der Atomindustrie selbst verbrannte In: DIE Zeit 20. April 2011 Nr. 17 Seite 18.
[75] Ebenda.
[85] Edler, Host A., "Gemeinsames Friedenszeugnis". In: Kirchen und Gesellschaft in beiden deutschen Staaten. Herausgegeben von Gisela Helwig und Detlef Urban, Köln 1987. Seite118 bis 136.

friedensstiftenden Verantwortung immer bewußter geworden.; für sie ist das Evangelium Jesu eine Friedensbotschaft. Von den Kirchen wird daher erwartet, daß sie etwas für den Frieden tun, nicht zuletzt von den Christen selbst. Die Kirchen in den beiden deutschen Staaten betonen, auch wenn sie seit 1969 in zwei Kirchenbünden organisiert sind, stets die bestehenden Gemeinsamkeiten in Zeugnis und Dienst. Die gemeinsame Verantwortung konkretisiert sich bei ihnen vor allem in der Friedensfrage...Schon zweimal ging ein Weltkrieg von deutschem Boden aus...hier würde das Hauptschlachtfeld eines künftigen Krieges sein. In einem gemeinsamen Wort der Evangelischen Kirche in Deutschland (EKD) und des Bundes der evangelischen Kirchen in der DDR zum 8. Mai 1985, dem 40. Jahrestag des Endes des Zweiten Weltkrieges, heißt es: `Als Kirchen in beiden deutschen Staaten treten wir gemeinsam dafür ein, daß von deutschen Boden nie wieder ein Krieg ausgeht...Gemeinsam treten wir für eine europäische Friedensordnung ein. Gemeinsam erinnern wir an die Verantwortung der Industrienationen für ein menschenwürdiges Leben in den Ländern der Dritten Welt.´ In der gemeinsamen Erklärung `Hoffnung auf Frieden´ betonen der Ratsvorsitzende der EK, Bischof MartinKruse, und der Vorsitzende des DDR-Kirchenbundes, Bischof Werner Leich, die besondere Verantwortung unserer Staaten für den Frieden in Europa.“[86]
Abgesehen von taktischen Nuancen und inhaltlichen Finessen könnte doch diese Erklärung auch vom Zentralkomitee der SED oder von der Regierung der DDR (Staatssekretariat für Kirchenfragen) stammen.

Wenn es hier eine *Einflußnahme* durch das MfS gegeben hätte, was wäre daran so fürchterlich kirchenfeindlich?

In der Botschaft der Synode der Evangelischen Kirche in Deutschland (Berlin-Weißensee, 27. April 1950 wurde auf die Frage „Was kann die Kirche für den Frieden tun?“ u.a. geantwortet: „Wohl steht es nicht in unserer Hand, die Sünde, den Krieg und den Tod von der Erde zu verbannen. Aber mitten in dieser Welt hat Gott *seinen* Weg des Friedens erschlossen. Durch Jesus Christus, den Gekreuzigsten und Auferstandenen, hat er Frieden gemacht mit der Welt. Christus ist unser Friede. Es ist niemand, dem diese Botschaft nicht gilt...Noch ist Gottes Zorneshand über uns ausgestreckt...Aber er ist ein Gott des Friedens und verheißt uns Seine Gnade. Darum müssen wir anhalten *am Gebet für den*

---

[86] A. a. O. Seite 118 unter Hinweis auf „Hoffnung auf Frieden" Gemeinsames Wort des Bundes der Evangelischen Kirchen in der DDR und der Evangelischen Kirche in Deutschland an die Gemeinden."EKD Informationen, März 1986.

Frieden...Wir rufen die evangelischen Kirchen in Deutschland auf, in ihren Gottesdiensten regelmäßig um den Frieden der Welt zu bitten..."[87]

Nicht unerwähnt in diesem Zusammenhang soll bleiben, dass Erich Honecker es war, der in einem Fernschreiben vom 16. April 1982 an die Ersten Sekretäre der Bezirks- und Kreisleitungen der SED feststellte, dass die Evangelische Kirche der DDR die Notwendigkeit einer eigenständigen „Friedensbewegung nur den Tarnmantel für Bestrebungen abgibt, die darauf gerichtet sind, die Friedenspolitik der DDR zu entstellen, dem internationalen Ansehen der DDR Schaden zuzufügen...Aus diesem Grund glauben ihre Inspiratoren, mit der Verbreitung des nicht genehmigten Abzeichens `Schwerter zu Pflugscharen´, einer nicht genehmigten Organisation, eine populäre Grundlage für ihre dunklen Absichten zu besitzen. Aus alledem ist offensichtlich, daß es hier nicht einmal um eine `eigenständige´ Friedensbewegung geht, sondern um eine Aktion, die, langfristig gesehen, zu einer Konfrontation mit dem Staat führen soll."[88]

Den Kirchenvertretern sei eindeutig und klar gesagt worden „ daß es in der gegenwärtigen Situation nicht um die Frage gehe, ob die Kirche über ein umfassenderes Friedensprogramm als der Friedensrat der DDR verfüge. Es gehe vielmehr darum, die Gefahr eines nuklearen Weltkrieges zu bannen."[89]

Die Bezirks- und Kreissekretäre der SED wurden vom Generalsekretär aufgefordert, mit *kirchlichen Kreisen auf allen Ebenen Gespräche zu führen* dabei sei der *Einfluss destruktiver Positionen zielstrebig zurückzudrängen.* Es wurde gebeten, die Vorsitzenden der Räte über den Inhalt dieses Schreibens zu informieren.[90]

Es wurde vom Autoren darauf verzichtet nachzuprüfen, inwieweit die Weisungen des Generalsekretärs von den Empfängern des Fernschreibens vom 16. April 1982 umgesetzt wurden.

Am Beispiel der Bemerkungen zur Bronzeskulptur „Schwerter zu Pflugscharen", die ein Geschenk der Sowjetunion im Jahres 1959 an die UNO war und sich am UNO-Hauptgebäude in New York befindet, wird deutlich, wie lebensfremd die SED Parteibürokratie im Umgang mit der evangelischen Kirche war. Es soll nicht unkommentiert bleiben, dass trotz (aber nicht wegen!) des

---

[87] Was kann die Kirche für den Frieden tun? In: Das Wort der Kirche zu politischen Tagesfragen. Eine Materialsammlung Herausgegeben im Auftrage des Militärbischof Bonn 1968 Seite 80, 85.

[88] Stadt, Jochen (Hg.)"Biblische Weisung" In: Auf höchster Stufe. Gespräche mit Erich Honecker. Ohne Ort ohne Datum: Seite 115.

[89] Ebenda.
[90] Vgl. a. a. O. Seite 117.

biblischen Hintergrundes, die Arbeitsgruppe „Neue Verfassung" der DDR des Zentralen Runden Tisches vorschlug, dass das *neue* Staatswappen der DDR, „Schwerter zu Pflugscharen" an die Stelle Ährenkranz, Hammer und Zirkel rücken sollte.[91]

Auch im neuen Deutschland, das nach dem Anschluss der DDR entstand, sollte immer und an jedem Ort, trotz der erforderlichen Trennung von Staat und Kirche, immer als Gemeinsamkeit die Erhaltung des Friedens hervorgehoben werden.

Das gilt selbst unter dem Aspekt der Theorie und Praxis vom sogenannten gerechten Krieg, dem „humanitärem Völkerrecht" oder dem humanen militärischen Eingreifen zum Schutz der Menschenrechte.

Ohne auf die Haager Landkriegsordnung aus dem Jahre 1907, den vier Genfer Konventionen aus dem Jahre 1949, sowie die Zusatzprotokolle der Jahre 1974 bis 1977 die das humanitäre Völkerrecht kodifizierten, einzugehen, soll hervorgehoben werden, dass es zu den Gemeinsamkeiten von Staat und Kirche gehört, den Frieden zu festigen und zu erhalten.

Drewermann benennt als „die *primitivste Regel des sogenannten gerechten Krieges,* wenn es ihn denn je gegeben hätte in der Geschichte der Menschheit, müßte lauten, daß zumindest eine Trennung statt fände zwischen den wirklich Kriegsführenden und den nicht kriegsführenden Zivilisten. Eine solche Trennung, wie sie von der der Haager Landkriegsordnung verlangt wird, wie sie das Völkerrecht fordert, ist im modernen Krieg *eine absolute Illusion*….Was es an Menschenleben kosten wird, wenn aus den Schächten der Bomber Hunderttausende von Tonnen Sprengbomben und Napalm herunter regnen werden, wenn man versuchen wird, Menschen zu töten mit Tabun und Gelbkreuz, mit bakteriologischen Waffen…als wenn man sie vernichten könnte wie Schädlinge, landstrichweise - dann ist das *kein Krieg, dann ist dies Mord,* gleichgültig, auf welcher Seite es geschehen wird. Darum sagen wir und erklären: Kein Krieg im 20. Jahrhundert läßt sich mit noch so hoch gesetzten ethischen Rechtfertigungen führen. *Jeder Krieg, der heute geführt wird, ist die Summierung all der Verbrechen, die Menschen über Menschen bringen können.*"[92]

---

[91] Vgl. Emmerich, Klaus „Entwurf einer Verfassung der DDR der Arbeitsgruppe des Zentralen Runden Tisches vom April 1990". In: Derselbe: In guter Verfassung? Warum das Grundgesetz auf den Prüfstand gehört. Berlin 2010 Seite 169. -

[92] Drewermann, Eugen Rede (über den Krieg am Golf) vom 15.1.91. In: Ebender: Die Spirale der Angst. Der Krieg und das Christentum. Zweite Auflage Freiburg/Basel Wien 1991 Seite 421 f. (Hervorhebungen K.E.)

Die Frage, ob es einen *gerechten* Krieg gibt und ihre Beantwortung bleibt weiterhin umstritten. Der *aktuelle* Verteidigungsminister wird zitiert mit: „Christen müssen sich schwertun mit Gewalt. Denn es gibt keinen gerechten Krieg, nur einen gerechtfertigten Krieg." Der Ratsvorsitzende der EKD läßt sich an hervorgehobener Stelle sagen: „Das Böse in der Welt ist Realität. Wir leben noch nicht im Reich Gottes und müssen uns mit dem Bösen auseinandersetzen:"[93] Ich möchte noch einmal Bischof Dibelius zitieren, dass „selbst die Anwendung einer Wasserstoffbombe sei vom christlichen Standpunkt aus nicht einmal eine so schreckliche Sache, da wir alle dem ewigen Leben zustreben. Wenn eine solche Bombe eine Million Menschen töte, so erreichten die Betroffenen umso schneller das ewige Leben."[94]

Frieden sei das Einfache, was zu schwer zu machen ist, wird Albert Einstein zitiert. Aber wie sichert man den Frieden? „Die Frage löste früher immer nur einen Debattenkrieg (in der alten BRD – K.E.) aus. Auf der einen Seite Pazifisten, auf der anderen Militärs. Man verschanzte sich in den Schützengräben seiner Argumente und verteidigte geharnischte Meinungen. Auf dem Evangelischen Kirchentag 1981 in Hamburg wurde der Verteidigungsminister Hans Apel (SPD- K.E) noch ausgepfiffen. Wie anders vorige Woche in Dresden: Verteidigungsminister Thomas de Maiziere und der Ratsvorsitzende der deutschen Protestanten, Nikolaus Schneider, sprachen gemeinsam über eine Friedensethik, die auch für Militäreinsätze gelten könnte." Punktgenau wurden die Differenzen herausgearbeitet. „Trotzdem applaudierte das Publikum beiden Christen. Es war ein Höhepunkt des Kirchentages, und plötzlich wurde klar, was Kirche kann: einen eigenen Debattenraum eröffnen, jenseits von alter Vergeltungsrhetorik und wohlfeilem Pazifismus."[95]

Auch in der alten BRD gab es angezeigt in der Ostermarch- und der Studentenbewegung, den Einfluss überzeugter Theologinnen und Theologen wie Dorothee Sölle, Helmut Gollwitzer, Heinrich Vogel, Ernst Käsemann ein aktives Eintreten gegen den verbrecherischen Krieg der USA in Vietnam gegen Waffenexporte jeglicher Art und die Gefahr eines Atomkrieges.[96]

---

[93] Schneider, Nikolaus Gibt es einen gerechten Krieg? Auf dem Evangelischen Kirchentag in Dresden diskutierten der Verteidigungsminister und der Ratsvorsitzende der EKD. Ein Auszug aus der Debatte. In: DIE ZEIT 09. Juni 2011 Nr.54 Seite 58.

[94] Siehe Fußnote 9 und 10.

[95] Schneider, Nikolaus a.a.O. Seite 58.

[96] Vgl. Hohnsbein, Hartwig Gauck als Kirchen-Kritiker. In: Zweiwochenzeitschrift Ossietzky14/2011 Seite 538.

Wenn in der Stellungnahme der Synode und des Rates der EKD im Jahre 1950 die Wiederaufrüstung *in beiden Teilen* Deutschlands angeprangert, was gewiss nicht den Beifall der DDR-Politik fand, dann entsprach die Losung, „daß Deutsche jemals auf Deutsche schießen, muß undenkbar bleiben" auch den Intensionen der Mehrheit der DDR-Staatsbürger.

Dieses Engagement der Kirchen während der Existenz der DDR brandmarkt Joachim Gauck, Ex- Pfarrer in Rostock, Ex-Leiter der sogenannten Stasi-Unterlagen- Behörde, Ex-Bundespräsidentschaftskandidat von SPD und Bündnis 90/Grüne auf dem Pfarrertag der evangelischen Kirche in Hessen und Nassau mit dem Ausdruck der „Linkslastigkeit" der evangelischen Kirche „Enttarnt endlich auch alle `linkslastigen westdeutschen Theologen´ und stellt sie vor das Jüngste Gericht! Ich, der große vielfach geehrte Gauck will dabei helfen… Dagegen ist nun wirklich Widerstand geboten."[97]
In „Unsere Kirche", Evangelische Zeitung für Westfalen und Lippe vom 15.07.2011 wird Gauck folgendermaßen wiedergegeben: „Westdeutsche Theologen hätten bei Besuchen in der DDR den Glaubensgeschwistern weismachen wollen, sie litten im Kapitalismus unter schlimmeren Zuständen…Linke in der Bundesrepublik inner- und außerhalb der Kirche hätten mit ihrer Kapitalismuskritik den Begriff Freiheit negativ besetzt…Diese Haltung habe sich lähmend auf den politischen Gestaltungswillen ausgewirkt, kritisierte Gauck. Im Osten habe der Freiheitsgewinn nach dem Mauerfall auch Angst und damit Fluchttendenzen ausgelöst, etwa in Konformismus oder in die Beheimatung in einer Ideologie. "[98]
Es erscheint nicht zu weit hergeholt, wenn die Bemerkungen Gaucks über die „Linkslastigkeit" der bundesdeutschen evangelischen Kirche während der Existenz der DDR wohl auch auf die Gemeinsamkeiten von Staat und evangelischer Kirche zur Friedensfrage zutreffen?

Notwendige Anmerkung: Dieser bekennende Antikommunist wurde von allen Parteien und ihren Wahlfrauen und Wahlmännern, außer den LINKEN, zum Bundespräsidenten gewählt.

---

[97] A. a. O Seite 536 und 538.
[98] http://www.unsere kirche.de/kirche/aktuell/evangelischen-kirche-im westen –zu-linkslastig

3.   Das Darmstädter Wort der evangelischen Kirche von 1947

Das Dokument „Ein Wort zum Politischen Weg unseres Volkes Darmstadt 1947"[99] enthält in sieben Unterpunkten alles Wesentliche zur historischen Mitverantwortung der Evangelischen Kirche für den deutschen Faschismus und deren Folgen. Es wurde von den Theologen Iwand und Barth entworfen und von Niemöller und Diem überarbeitet. „Die Schlussfassung wurde am 8. August 1947 vom Bruderrat der EKD, dem nach Kriegsende fortbestehenden Leitungsorgan der Bekennenden Kirche (BK), als seine verbindliche Position herausgegeben. Anders als das Stuttgarter Schuldbekenntnis vom 19. Oktober 1945 benannte das Darmstädter Wort konkrete ´Irrwege´ der Christen., die aus der Sicht der Autoren lange vor 1933 die nötigen" Gesellschaftsveränderungen blockiert und so dem deutschen Faschismus den Weg zur Macht ebneten. Das Verhältnis von Staat und Kirch sollte nach nahezu `400 Jahren protestantischer Staatskirchen-Tradition´ neu bestimmt werden. Die nur dem Evangelium verpflichte Kirche `sollte so dem `Aufbau eines besseren deutschen Staatswesens´ dienen: Damit wollten die Autoren das Ziel eines gesamtdeutschen Demokratischen Sozialismus als Zukunftsaufgabe festhalten, das der damals begonnene Kalte Krieg unerreichbar werden ließ. Der Rat der Evangelischen Kirche in Deutschland (EKD) übernahm das Darmstädter Wort nicht als seine Position. Es bildete jedoch ab 1969 eine wichtige theologische Basis für den Bund der der Evangelischen Kirchen in der DDR und für die Evangelische Studentengemeinde in der früheren Bundesrepublik Deutschland." [100]

Ohne auf weitere Details einzugehen, soll dem Leser das Darmstädter Wort in ungekürztem Text nach der Quelle von Bassarak[101] zur Kenntnis gebracht werden.

Es lautet:

„EIN WORT ZUM POLITISCHEN WEG UNSERES VOLKES Darmstadt 1947 (Kirchliches Jahrbuch 1945-1948, Gütersloh 1950, S. 220 ff.)

1. Uns ist das Wort von der Versöhnung der Welt mit Gott in Christus gesagt. Dies Wort sollen wir hören, annahmen, tun und ausrichten. Dies Wort wird nicht gehört, nicht angenommen, nicht getan und nicht ausgerichtet, wenn wir uns nicht freisprechen lassen von unserer gesamten Schuld, von der Schuld der Väter wie von unserer eignen, und wenn wir

---

[99] In: Bassarak, Gerhard Mit dem Vorsprung einer historischen Epoche Schkeuditz 2010, Seite 410 f.
[100] Darmstädter Wort: http://de.wikipedia.org/wiki/Darmst%A4dter_Wort Blatt 1 von 11.
[101] Bassarak a.. a. O. Seite 410 f.

uns nicht durch Jesus Christus, den guten Hirten, heim rufen lassen auch von allen falschen und bösen Wegen, auf welchen wir als Deutsche in unserem politischen Wollen und Handeln in die Irre gegangen sind.

2. Wir sind in die Irre gegangen, als wir begannen, den Traum einer besonderen deutschen Sendung zu träumen, als ab am deutschen Wesen die Welt genesen könne. Dadurch haben wir dem schrankenlosen Gebrauch der politischen Macht den Weg bereitet und unsere Nation auf den Thron Gottes gesetzt.- Es war verhängnisvoll, dass wir begannen, unseren Staat nach innen allein auf eine starke Regierung, nach außen allein auf militärische Machtentfaltung zu begründen. Damit haben wir unsere Berufung verleugnet, mit den uns Deutschen verliehenen Gaben mitzuarbeiten im Dienst an den gemeinsamen Aufgaben der Völker.

3. Wir sind in die Irre gegangen, als wir begannen, eine ´christliche Front ´aufzurichten gegenüber notwendig gewordenen Neuordnungen im gesellschaftlichen Leben der Menschen. Das Bündnis der Kirche mit den das Alte und Herkömmliche konservierenden Mächten hat sich schwer an uns gerächt. Wir haben die christliche Freiheit verraten, die uns erlaubt und gebietet, Lebensformen abzuändern, wo das Zusammenleben der Menschen solche Wandlung erfordert. Wir haben das Recht zur Revolution verneint, aber die Entwicklung zur absoluten Diktatur geduldet und gutgeheißen.

4. Wir sind in die Irre gegangen, als wir meinten, eine Front der Guten gegen die Bösen, des Lichts gegen die Finsternis, der Gerechten gegen die Ungerechten im politischen Leben und mit politischen Mitteln bilden zu müssen. Damit haben wir das freie Angebot der Gnade Gottes an alle durch eine politische, soziale und weltanschauliche Frontenbildung verfälscht und die Welt ihrer Selbstrechtfertigung überlassen.

5. Wir sind in die Irre gegangen, als wir übersahen, dass der ökonomische Materialismus der marxistischen Lehre die Kirche an den Auftrag und die Verheißung der Gemeinde für das Leben und Zusammenleben der Menschen im Diesseits hätte gemahnen müssen. Wir haben es unterlassen, die Sache der Armen und Entrechteten gemäß dem Evangelium von Gottes kommendem Reich zur Sache der Christenheit zu machen.

6. Indem wir das erkennen und bekennen, wissen wir uns als Gemeinde Jesu Christi freigesprochen zu einem neuen, besseren Dienst zur Ehre Gottes und zum ewigen und zeitlichen Heil der Menschen. Nicht die Parole:

Christentum und abendländische Kultur, sondern Umkehr zu Gott und Hinkehr zum Nächsten in der Kraft des Todes und der Auferstehung Jesu Christi ist das, was unserem Volk und inmitten unseres Volkes vor allem uns Christen selbst Not tut.

7. Wir haben es bezeugt und bezeugen es heute aufs neue:
'Durch Jesus Christus widerfährt und frohe Befreiung aus den gottlosen Bindungen dieser Welt zu freiem, dankbaren Dienst an seinen Geschöpfen.´ Drum bitten wir inständig: Lasst die Verzweiflung nicht über euch Herr werden, denn C h r i s t u s ist der Herr. Gebt aller glaubenslosen Gleichgültigkeit den Abschied, lasst euch nicht verführen durch Träume von einer besseren Vergangenheit oder durch Spekulationen um einen kommenden Krieg, sondern werdet euch in dieser Freiheit und in großer Nüchternheit der Verantwortung bewusst. die alle und jeder einzelne von uns für den Aufbau eines besseren deutschen Staatswesens tragen, das dem Recht, der Wohlfahrt und dem inneren Frieden und der Versöhnung der Völker dient."

Bassarak meint völlig zu Recht, dass nicht nur jene Christen, die das Darmstädter Wort verfassten, sondern gleichermaßen z.B. die Kirchlichen Bruderschaften im Unterwegskreis Berlin, der Weißenseer Arbeitskreis in der Evangelischen Kirche Berlin-Brandenburg, die Prager Christliche Friedenskonferenz und die zahlreichen Verlautbarungen der Christlichen Friedenskonferenz wesentlich dazu beitrugen, in beiden deutschen Staaten den Frieden zu festigen.[102]

Unter Berufung auf Röm 3,23 meint Bassarak, dass zwischen dem christlichen Glauben „und der Gottlosigkeit der Marxisten kein gar so großer Unterschied besteht, dann sollte die Kirche keinen Unterschied konstruieren und dramatisieren. Man hat von einer 'Berührungsangst´ der Christen gesprochen. Ich will es keinem Politiker übelnehmen, wenn er den Sozialismus ablehnt und bekämpft. Aber das Evangelium bietet ihm dafür kein Argument. Der Antikommunismus kann sich nicht auf Christus berufen."[103] Der Antikommunismus ist nicht nur Grundtorheit des 20. Jahrhunderts (Thomas

---

[102] Vgl. Bassarak, Gerhard Christliche Existenz in der sozialistischen Gesellschaft 1978 . In: Mit dem Vorsprung einer historischen Epoche, Schkeuditz 2010 Seite 26
[103] A. a. O. Seite 29.
* Unter „Häresie" gilt nach evangelischem Verständnis, was die Wahrheit des Evangeliums entscheidend verkürzt oder entstellt. (Vgl. Brockhaus Enzyklopädie in 24 Bänden, 19. Auflage 1989, Band 9 Seite 483)

Mann), sondern „er ist auch die Grundhäresie* der Christenheit in unserem Jahrhundert.“

Christian Arndt (ehemaliger Pastor in Hamburg) verweist auf gegen ihn geführte Amtszuchtverfahren, weil er an den Blockaden vor dem AKW Brokdorf und wegen Unterzeichnung eines Aufrufs zur Verweigerung aller Kriegsdienste beteiligte. Kirchlich umstritten waren nicht die die Überzeugungen „lieber tot als rot“ und die atomare Aufrüstung mit Atomraketen, sondern der Widerstand gegen sie.[104] Arndt ist der Ansicht, dass die Bibel mit den Augen des „Kommunistischen Manifests“ zu lesen und verstehen ist, um die Ursachen der gesellschaftlichen Konflikte zu verstehen.[105]

Frielinghaus[106] charakterisiert den Pfarrer Peter Franz als Verfechter für soziale Gerechtigkeit und Frieden, der als Staatsbürger der DDR offen mit seiner Kritik in der Öffentlichkeit auftrat. „Aber er schwört nicht ab. Er sieht die Sache des Sozialismus unter den Bedingungen eines mächtigen und skrupellosen Imperialismus zu groß und zu schwierig an, um sie mit simplen Begriffen der gegenwärtigen Sieger, mit `Unrechtsstaat´ oder `Totalitarismus´ abtun zu können. Unrecht vertuscht er nicht. Aber er übersieht ebensowenig die vielen einfachen wie hervorgehobenen Menschen, die sich bescheiden und aufopferungsvoll für die gemeinsame Sache eingesetzt haben. Er hatte Verständnis für sie und fand ihr Verständnis. Er hält ihnen die Treue.“[107]

---

[104] „Nicht nur einfach ja und amen sagen“. Gespräch mit Christian Arndt. Über Antikommunismus, das Leben als linker Pastor und die Liebe zu St. Pauli. Junge Welt 26./27. November 2011.(Faulheit & Arbeit Seite 2).
[105] Ebenda.
[106] In: Unfrieden in Deutschland (4) , Weissbuch Kirche im Sündenfall. Als Pfarrer in Kapellendorf. Mit einem Nachwort von Dieter Frielingshaus. Herausgeber: Gesellschaft zum Schutz von Bürgerrecht und Menschenwürde e.V. (GBM). GNN-Verlag Sachsen/Berlin GmbH. 1995.Seite 457.
106 Ebenda.

4. Skizze der Kirchenpolitik der SED, beginnend mit der Errichtung der antifaschistisch-demokratischen Ordnung in der SBZ/DDR

Am 27. August 1946 erklärte das Zentralsekretariat der Sozialistischen Einheitspartei Deutschlands ihr Verhältnis zum Christentum und sorgte für eine notwendige Klarstellung. In dieser Erklärung, die von Wilhelm Pieck und Otto Grotewohl abgegeben wurde, heißt es unmissverständlich, dass „es in erster Linie darauf ankommt den deutschen Faschismus durch die Entwicklung von Demokratie und der Sicherung des Friedens endgültig zu überwinden.

Jegliche *Kampfstellung* zwischen Christentum und Marxismus lehnt die SED ab. Sie geht davon aus, dass weltanschauliche Unterschiede nicht dazu führen dürfen, die Kräfte des friedlichen Aufbaus gegeneinander auszuspielen. „Über allem muß die Erkenntnis aus dem zweiten Weltkrieg, ob aus Religion oder wissenschaftlichen Sozialismus stehen, dass Deutschland leben muß."

In Auseinandersetzung mit Jakob Kaiser (CDU), der in einem programmatischen Artikel vom 11. August 1946 in der „Neuen Zeit" die Gegenüberstellung von Christentum und Marxismus und damit die Gefahr einer Bekämpfung von Religion und Kirche durch den Marxismus an die Wand malte, und damit dokumentierte, dass die CDU sich als „Retterin des Christentums" aufspielen würde, erklärten die Repräsentanten der SED: „Die frühere allgemeine Ablehnung der Kirche durch die sozialistische Arbeiterbewegung galt nicht dem christlichen Glauben. Sie galt der Kirche als Machtinstrument der herrschenden Klassen...Der Glaube ist eine persönliche Angelegenheit des einzelnen Menschen... Die Sozialistische Einheitspartei lehnt es mit aller Entschiedenheit ab, sich etwa der Kirche unterordnen zu wollen, wie es die Kirche mit Recht ablehnt, sich parteipolitisch zu binden ... Es geht also nicht um eine Kampffrage: Christentum oder Marxismus, sondern um die gemeinsame Verantwortung gegenüber der Zukunft Deutschlands, die in voller Größe steht vor Christentum und Marxismus."[108]

Dass diese Problematik auch in der BRD eine bedeutende Rolle spielte, zeigt z.B. eine Rede Gustavs Heinemann im Bundestag am 23. Januar 1958.[109] Er erklärte: „Es geht nicht um Christentum gegen Marxismus. – Sondern? Es geht

---

[108] SED und Christentum. In: Dokumente der SED. Band 1, Berlin 1951.Seite 86 bis 88.

[109] Stenographischen Bericht: Deutscher Bundestag- 3 Wahlperiode-9. Sitzung. Bonn, Donnerstag, den 23. Januar 1958 S. 401 bis 406.

um die Erkenntnis, daß Christus nicht gegen Karl Marx gestorben ist, sondern für uns alle. Meine Damen und Herren! Unsere politische Aufgabe nach dem Krieg war von Anfang an und ist bis zur Stunde eine doppelte, und das heißt mit anderen Worten, um ein wesentliches Stück schwerer, als die CDU sie uns vorstellt. Sie ist eine doppelte, nämlich das harte, unerschütterliche Nein zum totalitären System zu verbinden mit dem Ja zur Nachbarschaft der totalitär regierten Ostvölker."[110]

Am 18. Oktober 1945 hat der Rat der Evangelischen Kirche in Deutschland in Stuttgart erklärt: „Mit großen Schmerz sagen wir: Durch uns ist unendliches Leid über viele Länder und Völker gebracht worden…Wohl haben wir lange Jahre hindurch im Namen Jesu Christi gegen den Geist gekämpft, der im nationalsozialistischen Gewaltregiment seinen furchtbaren Ausdruck gefunden hat; aber wir klagen *uns an,* daß wir nicht mutiger bekannt, nicht treuer gebetet, nicht fröhlicher geglaubt und nicht brennender geliebt haben. - Nun soll in unseren Kirchen ein neuer Anfang gemacht werden."[111]

Offensichtlich im Gegensatz dazu heißt es in einer Kanzelabkündigung der hessischen Kirchenleitung zur Jahreswende 1947/48 die Entnazifizierung betreffend: „…wir(müssen) allen Christen die ernste Frage vorlegen, ob sie es noch verantworten können, sich freiwillig an der Durchführung eines Verfahrens zu beteiligen, das Haß sät, statt der Gerechtigkeit und Versöhnung zu dienen. Es ist eine ernste Frage an die Gewissen, die wir damit stellen; und nach unserem Maß der Erkenntnis müssen wir bitten: wirkt in dieser Sache (gemeint ist die Entnazifizierung- K.E.), die soviel Unrecht im Gefolge hat, nicht länger aus freien Stücken als öffentliche Kläger oder als freiwillige Belastungszeugen mit! Oder ihr kommt in Gefahr, das Amt der Versöhnung zu verraten, das euch aufgetragen ist."[112]

Krummacher erinnerte anläßlich der zwanzigsten Widerkehr des Endes des Zweiten Weltkrieges (1965) daran, dass die „Gutwilligen aus den verschiedenen Gesellschaftsschichten, aus verschiedenen politischen Traditionen, darunter Christen wie Nichtchristen, sich völlig darin einig waren, daß sich Unmenschlichkeit und Haß, Unfreiheit und Krieg nie wieder auf

---

[110] A. a. O. Seite 404

[111] Zitiert bei: Krummacher, Friedrich Wilhelm Ruf zur Entscheidung. Predigten-Ansprachen-Aufsätze 1944/1945. Dokumente aus dem Arbeitskreis für kirchliche Fragen beim Nationalkomitee „Freies Deutschland". Berlin 1965 Seite 5. Hervorhebung – K.E.

[112] Kirchliches Jahrbuch für die evangelische Kirche in Deutschland1945-1948.Gütersloh 1950 Seite 206.

deutschem Boden wiederholen sollten und daß die in Blut und Grauen gewonnenen Lehren aus der Vergangenheit verpflichteten, eine gemeinsamen Weg in eine neue Zukunft zu finden.[113]

Bereits im Nationalkomitee „Freies Deutschland" hatten sich kommandierende Generale und einfache Soldaten, evangelische und katholische Pfarrer und andere überzeugte Christen und Nichtchristen zusammengefunden weil sie davon überzeugt waren, dass nur der Sturz des Hitlerregimes und durch radikale Absage an den Geist des Hasses, des Rassendünkels und des Machtwahns das deutsche Volk weiterleben kann. Diese Menschen waren bereit, im „gegenseitigen Respekt vor abweichenden politischen, gesellschaftlichen, weltanschaulichen und glaubensmäßigen Überzeugungen zu erweisen…Wir als evangelische Pfarrer waren uns dessen bewußt, daß unsere Mitarbeit in diesen antifaschistischen Widerstandskampf gegenüber der bisherigen ethischen Tradition des deutschen Luthertums ein ungewöhnlicher, einmaliger, aus letzter Gewissenentscheidung kommender Schritt war."[114]

Seine Gedanken zum faschistischen Raubkrieg und die Goebbelsche Propaganda zum Krieg brachte der damalige Divisionspfarrer Friedrich-Wilhelm Krummacher (1901-1974), der 1943 in sowjetische Kriegsgefangenschaft geriet, in einer Rundfunkansprache (wahrscheinlich über den Sender des Nationalkomitees „Freies Deutschland") vom 11. Februar 1945 aus seelsorgerischer Verantwortung wie folgt zum Ausdruck: „Ich weiß, wie viele , die längst als Christen mit dem Nationalsozialismus und seiner Weltanschauung innerlich zerfallen sind, dennoch in falsch verstandener Treue glauben, als christliche Deutsche mit Gut und Blut für die angebliche Verteidigung der Heimat einstehen müssen. Ihnen rufen wir zu: Gerade der Christ weiß, daß nur ein gerechter Verteidigungskrieg mit gutem Gewissen geführt werden darf. Dieser Krieg aber war und bleibt ein ungerechter Eroberungskrieg, bewußt begonnen und geführt zum Angriff gegen fremde Völker. Jeder Tag der Fortführung solchen Krieges ist sittlich verwerflich. Seine Fortsetzung dient in Wahrheit nicht dem Schutz, sondern der völligen Vernichtung der Heimat!"[115]

Krummacher gehörte zu jenen, die zusammen mit der sogenannten Gruppe Ulbricht im August 1945 aus sowjetischer Kriegsgefangenschaft entlassen wurden und war einer denjenigen, die am 15. Juli 1944 einen Aufruf an *alle*

---

[113] Krummacher a. a. O. Seite 7 f.
[114] A. a. O. Seite 9
[115] A. a. O. Seite 120.

evangelischen und katholischen Geistlichen der östlichen Gebiete Deutschlands richtete, die wahrscheinlich von der Roten Armee besetzt werden.

Dieser Aufruf, der in Kirchenkreisen sehr kontrovers diskutiert wurde hatte folgenden Wortlaut:

„Lasst euch nicht schrecken durch die Angst vor der Roten Armee! Sie kommt nicht als Feind des deutschen Volkes, sondern allein als Feind Hitlers und seiner Trabanten. Gerade als Christen, die schon immer dem Nationalsozialismus ablehnend gegenüberstanden, habt ich nichts zu befürchten! Sobald die Front über eure Städte und Dörfer hinweggegangen ist, werdet ihr wieder eurer friedlichen Beschäftigung nachgehen. Ihr Pfarrer werdet wieder an den Altären und auf den Kanzeln stehen und ungehindert und in aller Öffentlichkeit euren Seelsorgedienst ausüben. Darum keine Panik!- Gebt beim Herannahen russischer Truppen zu erkennen, daß ihr die friedliche Bevölkerung seid! Geht ihnen mit vorangetragenen Kreuzen oder weißen oder schwarz-weiß-roten Fahnen als Zeichen eurer friedlichen Gesinnung entgegen! Verhindert, dass in eurer Umgebung geschossen wird! Veranlasst die deutschen Soldaten, den Kampf einzustellen und tragt so als Christen zur Vermeidung weiterer sinnloser Blutopfer bei! Verhaltet euch korrekt gegenüber den Besatzungsbehörden und lasst euch durch niemanden zu dem Wahnsinn eines aktiven oder passiven Widerstandes verleiten. Es liegt allein an euch, wie euch die Rote Armee behandelt."[116]

Im Gründungsmanifest des Nationalkomitees „Freies Deutschland" an die Wehrmacht und an das deutsche Volk vom 12./13. Juli 1943 hieß es abschließend, dass der „Kampf für ein freies Deutschland …Mut, Tatkraft und Entschlossenheit (erfordert). Vor allem Mut. Die Zeit drängt. Rasches Handeln tut not. Wer aus Furcht, Kleinmut oder blindem Gehorsam weiter mit Hitler geht. handelt feige und hilft Deutschland in die nationale Katastrophe zu treiben. Wer aber das Gebot der Nation höher stellt als den Befehl des `Führers ´und Leben und Ehre für sein Volk einsetzt, handelt mutig und hilft das Vaterland vor seiner tiefsten Schmach erretten."[117]

---

[116] Friedrich-Wilhelm Krummacher –Wikipedia http://de.wikipedia.org/wiki/friedrich-Wilhelm_Krummacher abgerufen am 24.4.2011

[117] Aus dem „Manifest des Nationalkomitees `Freies Deutschland´ an die Wehrmacht und an das deutsche Volk" vom 12./132. Juli 1943. In: Geschichte der deutschen Arbeiterbewegung Band 5 von Januar 1933 bis Mai 1945, Berlin 1966, Dokument 97 Seite 577 f.

Es erscheint auch aus heutiger Sicht nicht vermessen, wenn festgestellt werden kann, dass der Divisionspfarrer Krummacher, Mitbegründer des kirchlichen Arbeitskreises im Nationalkomitee „Freies Deutschland", 1946 Berliner Generalsuperintendent, 1955 bis 1972 Bischof der Pommerschen Evangelischen Kirche, 1960 Vorsitzender der Kirchlichen Ostkonferenz in der DDR *vor allem Mut* bewies, um seinen Beitrag im Sinne des antifaschistischen Widerstandes zu leisten.[118]

Mit dem Aufruf vom 15. Juli 1944 *erfüllte* Krummacher eine Vielzahl von Strafbestimmungen z.B. der „Kriegssonderstrafverordnung" vom 26. August 1939[119] die bei „Wehrkraftzersetzung" mit Todesstrafe geahndet wurden.

Ob Krummachers Aufruf dazu beitrug, dass die Hansestadt Greifswald, am 30.April 1945 durch Oberst Rudolf Petershagen kampflos an die Rote Armee übergeben wurde, soll hier nicht untersucht werden.

Im „Spiegel" 35/1963 wird Krummacher als derjenige bezeichnet, der das höchste Kirchenamt in der DDR ausübte. Er war Vorsitzender der „Konferenz der evangelischen Bischöfe und Kirchenleitungen".

Nach Anschluss der DDR wird Zusammenhang mit der Rolle des Bischoffs Krummacher ein „Schatten" erkannt, der über seiner Person liegt: Er könne Informant des sowjetischen Geheimdienstes gewesen sein, "wenn auch Sicherheit darüber besteht, daß er sich dem MfS nie zur Verfügung gestellt hat."[120] Hört, hört- einfach toll! Und das im Jahre 1997!

Andere Beispiele sollen den „Kirchenkampf" der SED erläutern:

Goerner[121] zitiert aus dem Protokoll der Politbürositzung vom 4. Januar 1955 als Aufgabenstellung für die Arbeitsgruppe für Kirchenfragen beim ZK der SED:

„1. Unterstützung des Kampfes um die Erhaltung des Friedens und der Wiederherstellung der demokratischen Einheit Deutschlands durch die

---

[118] Vgl. Friedrich-Wilhelm Krummacher –Wikipedia ebenda

[119] RGBL.I Seite 1455.

[120] Onnasch, Martin Die Rolle der Kirchen im politischen System der DDR. In: . In: Landtag Mecklenburg-Vorpommern Leben in der DDR, Leben nach 1989- Aufarbeitung und Versöhnung. Zur Arbeit der Enquente-Kommission. Expertisen und Forschungsstudien zum Thema „Kirche und Staat". Band VII Schwerin 1997 S. 12.

[121] Goerner, Martin Georg „Die Arbeitsgruppe Kirchfragen im ZK-Apparat der SED". In: Vollnhals (Hg.) Die Kirchenpolitik von SED und Staatssicherheit. Zweite Auflage Berlin 1997 Seite 72.

Gewinnung und *stärkere Einbeziehung der Geistlichen, Kirchenräte und religiös gebundenen Schichten der Bevölkerung*. Zerschlagung der durch die Kirchenhierarchie beider Konfessionen verbreiteten feindlichen Ideologien und Provokationen.

2. Vertiefung der gesamtdeutschen Arbeit durch stärkere Einbeziehung der *fortschrittlichen kirchlichen Kreise* Westdeutschlands in engster Zusammenarbeit mit dem Ausschuß für deutsche Einheit, dem Nationalrat der Nationalen Front des demokratischen Deutschland und dem deutschen Friedensrat. Verstärkung des Kampfes gegen den *klerikalen Militarismus* beider Konfessionen."[122]

Unter *klerikalem Militarismus* wurde seitens der SED vor allem das ungenügende Wirken der Großkirchen und ihrer Kirchenfürsten verstanden, sich gegen die Remilitarisierung und Wiederaufrüstung in der BRD zu wenden. Aus Antifaschismus wurde Antikommunismus. Parallel dazu wurde das Christliche zu antikommunistisch umgewandelt.

In seiner politischen Autobiographie reflektiert Hanfried Müller[123] wichtige Aussagen zur Kirchenpolitik in der DDR auch während des Kalten Krieges. Die deutschen Großkirchen „sind seit Mitte des 19. Jahrhunderts politische Partei gewesen- auf Seiten der Herrschenden, was Kritik einschloß, wo die zur Gefährdung der sozialen Stabilität neigten. In Ostdeutschland hatte es die Kirche dagegen mit einem Staat zu tun, den sie abschaffen wollte… Im Moment des Triumpfes 1989/90 sprachen das Kirchenfürsten und ihre in zahlreichen politischen Führungsfunktionen tätigen Pfarrer aus."[124]

Nicht unerwähnt soll bleiben, dass Walter Ulbricht auf dem V. Parteitag der SED im Zusammenhang mit der Begründung der „Grundsätze der sozialistischen Ethik und Moral" (den sogenannten zehn Geboten) ausführte, dass es „nicht normal (ist), daß es immer noch Orte gibt, wo die Kirche eine beharrliche, systematische Arbeit unter den Kindern leistet, aber die Pionierorganisation kaum in Erscheinung tritt."[125]

---

[122] A. a. O. Seite 72, .Hervorhebung K.E.

[123] Müller, Hanfried Erfahrungen Erinnerungen Gedanken. Zur Geschichte von Kirche und Gesellschaft in Deutschland seit 1945 Schkeuditz 2010

[124] Schölzel, Arnold Ein Unerschütterlicher. Die Erinnerungen des Theologen Hanfried Müller sind erschienen. In: Tageszeitung junge Welt 12. Juli 2010 Seite 15.

[125] Ulbricht, Walter Der Kampf um den Frieden, für den Sieg des Sozialismus, für die nationale Wiedergeburt Deutschlands als friedliebender, demokratischer Staat.In: Protokoll der Verhandlungen des V. Parteitages bder SED 10.bis 16. Juli n1958, Band 1, Seite 172

Unter den kapitalistischen Bedingungen der Jetztzeit könnte man meinen, dass es einen *harten Konkurrenzkampf* zwischen Staat und Kirche auf dem Gebiet der Kindererziehung gab. Es sei die Frage erlaubt, was dran so entsetzlich war?

Die zehn Gebote, auch als die 10 Gebote für den neuen sozialistischen Menschen bezeichnet, hatten folgenden Wortlaut:

1. Du sollst Dich stets für die internationale Solidarität der Arbeiterklasse und aller Werktätigen sowie für die unverbrüchliche Verbundenheit aller sozialistischen Länder einsetzen.
2. Du sollst Dein Vaterland lieben und stets bereit sein, Deine ganze Kraft und Fähigkeit für die Verteidigung der Arbeiter-und-Bauern-Macht einzusetzen.
3. Du sollst helfen, die Ausbeutung des Menschen durch den Menschen zu beseitigen.
4. Du sollst gute Taten für den Sozialismus vollbringen, denn der Sozialismus führt zu einem besseren Leben für alle Werktätigen.
5. Du sollst beim Aufbau des Sozialismus im Geiste der gegenseitigen Hilfe und der kameradschaftlichen Zusammenarbeit handeln, das Kollektiv achten und seine Kritik beherzigen.
6. Du sollst das Volkseigentum schützen und mehren.
7. Du sollst stets nach Verbesserungen Deiner Leistungen streben, sparsam sein und die sozialistische Arbeitsdisziplin festigen.
8. Du sollst Deine Kinder im Geiste des Friedens und des Sozialismus zu allseitig gebildeten, charakterfesten und körperlich gestählten Menschen erziehen.
9. Du sollst sauber und anständig leben und Deine Familie achten.
10. Du sollst Solidarität mit den um ihre nationale Befreiung kämpfenden und den ihre nationale Unabhängigkeit verteidigenden Völkern üben.(Stürmischer lang anhaltenden Beifall.)"[126]

Außer der Tatsache der ZEHN GEBOTE und der Anwendung des Anredepronomens DU haben diese Gebote mit den „zehn Geboten Gottes", auch als das Grundgesetz des Lebens bezeichnet, wohl kaum – fast nichts – gemeinsam.

Um das zu verdeutlichen, hier diese zehn religiösen Gebote im Vergleich:

---

[126] A. a. O. Seite 160 f.

1. Du sollst keine anderen Götter haben neben mir
2. Du sollst den Namen des Herrn nicht missbrauchen
3. Du sollst den Feiertag heiligen
4. Du sollst deinen Vater und deine Mutter ehren
5. Du sollst nicht töten
6. Du sollst nicht ehebrechen
7. Du sollst nicht stehlen
8. Du sollst nicht falsch Zeugnis reden
9. Du sollst nicht begehren deines Nächsten Weib
10. Du sollst nicht begehren deines Nächsten Hab und Gut.

Um diese *Gebotsproblematik* abzurunden hier die „Gebote der Jungpioniere", die Teil der Pionierorganisatin Ernst Thälmann waren:
- Wir Jungpioniere lieben unsere Deutsche Demokratische Republik.
- Wir Jungpioniere lieben unsere Eltern.
- Wir Jungpioniere lieben den Frieden.
- Wir Jungpioniere halten Freundschaft mit den Kindern der Sowjetunion und aller Länder.
- Wir Jungpioniere lernen fleißig, sind ordentlich und diszipliniert.
- Wir Jungpioniere achten alle arbeitenden Menschen und helfen überall tüchtig mit.
- Wir Jungpioniere sind gute Freunde und helfen einander.
- Wir Jungpioniere singen und tanzen, spielen und basteln gern.
- Wir Jungpioniere treiben Sport und halten unsren Körper sauber und gesund.
- Wir Jungpioniere tragen mit Stolz unser blaues Halstuch.
- Wir bereiten uns darauf vor, gute Thälmannpioniere zu werden.

Welche Position die Kirchen in der DDR zu diesen Geboten der Jungpioniere einnahmen, soll nicht näher hinterfragt werden, weil sie vollständig überflüssig ist.

Aber auch in neuester Zeit werden die *Zehn Gebote* angewandt, um auf bestimmte oder vermeidliche Schwerpunkte des Lebens hinzuweisen: „Die zehn Gebote der Welternährung"
1. Anbaumethoden (Das Land kann mehr)
2. Subventionen (Kleiner ist feiner)

3. Vielfalt Das Gute liegt ganz nah)

4. Ökologie (Den Kreislauf sichern)

5. Energiepflanzen ((Erst essen, dann tanken)

6. Emanzipation (Die Kraft der Frauen)

7. Bildung (Wissen macht satt)

8. Sicherheit(Krieg macht Hunger)

9. Politik (Welt ohne Plan)

10. Vergeudung (Essen ist kein Müll)

sollen als Beispiel gelten.[127]

Es ist doch gewiss als „Hieb gegen die Kirchen in der DDR" anzusehen, wenn Ulbricht in seinem Rechenschaftsbericht auf dem V. Parteitag „solche Menschen, wie den *Genossen Christoph*" zitiert, gerade im Zusammenhang auf dem Gebiet von Ideologie und Kultur, der sozialitischen Bewusstseinsbildung und der Verbreitung des dialektischen Materialismus in Auseinandersetzung mit Religion und Kirche.[128]

Aber genug gescherzt. Einige Jahrzehnte später erläutert Horst Schneider[129] akribisch, wie die selbsternannten und benannten Bürgerrechtler in der DDR (alphabetisch geordnet) dem Bundeskanzler Kohl halfen, „Gottes Mantel der Geschichte" an sich zu reißen.

Er versteht es meisterhaft darzulegen, wie die Großkirchen wirkten und welche Möglichkeiten sie hatten, um Mehrheiten des Volkes der DDR, vor und während der „friedlichen Revolution" und der Beseitigung eines friedlichen Staates , der von seinen Feinden als „zweiten Diktatur" bezeichnet wird, reif zu machen. Den Herbst 1989 bezeichnet er ironisch als ein Göttliches Werk und seine damaligen „Helden" als „Fußvolk des Allmächtigen."[130]

Schneider erinnert an die Predigt von Bischof Leich der am 3. Oktober 1990 sagte: „Gott hat uns mehr geschenkt als wir (?) erwartet haben: die friedliche Revolution, die Freiheit und die offene Zukunft. " Was versteht der Bischof unter wir, was ist „Freiheit" und „offene Zukunft".[131]

---

[127] Vgl. ‚Frankfurter Rundschau, 10. Mai 2011/67. Jahrgang/Nr.108 Seite 18 f.

[128] Vgl. a. a. O. Seite148 bis ff. 151

[129] Schneider, Horst Unter dem Dach der Kirche. „Bürgerrechtler" der DDR Berlin 2010.

[130] Vgl. besonders a. a. O. Seite 32 f.

[131] Vgl. a.a.O. Seite 36.

Ich verstehe die „offene Zukunft" so, dass das herrschende System des Imperialismus/Kapitalismus nicht Endpunkt aller menschlichen Geschichte ist.

Unverfroren wird, entgegen der historischen Wahrheit, von Vollnhals behauptet, dass die SED- Kirchenpolitik sich „in der Tradition des staatlichen Kirchenkampfes im ´Dritten Reich´, den sie zunächst mit den selben, später subtileren Methoden fortführte. Der Einsatz geheimdienstlicher Mittel und Methoden ging weit über die übliche Tätigkeit einer Geheimpolizei hinaus. Sie beschränkte sich nicht auf die Bespitzelung einzelner Personen oder Personengruppen, sondern verfolgte noch eine weitere, langfristig angelegte Konzeption: die systematische Unterwanderung und mittelbare Steuerung der Kirchen…" Die Kirchen, so behauptet Vollnhals ohne jeden Beweis wahrheitswidrig, „sollten mittels Differenzierungsprozeß von innen zersetzt und als selbständige gesellschaftliche Großverbände ausgeschaltet werden." Er benutzt die Begrifflichkeit sogenannter flächendeckender Überwachung und Durchdringung aller Gesellschaftsbereiche fährt aber dann fort: „Auch wenn diese Vision einer umfassenden geheimdienstlichen Steuerung und Manipulation kirchlicher Institutionen in der Realität nur begrenzt zum Tragen kam- und insofern unerfüllte Utopie blieb-, so kennzeichnet dieser Ansatz doch eine neue, verfeinerte Form totalitärer Herrschaftsausübung" in der „Ära Honecker. "[132].

Aus angeblichen, durch nichts belegten Visionen und Utopien (der Partei- und Staatsführung der DDR) wird ein Kirchenkampf faschistischer Tradition, untersetzt mit „totalitärer Herrschaftsausübung". Alles realisiert von einer kleinen Spezialeinheit des MfS, die als „Generalunternehmer für Sicherheit" die Kirchen und Religionsgemeinschaften mit geheimdienstlichen Mitteln und Methoden diese mittelbar (!) steuerte.[133]

Da von der „kleinen Spezialeinheit" des MfS (51 MitarbeiterInnen)[134] die angeblichen Visionen und Utopien von Partei und Regierung nicht verwirklicht werden konnten, wird das Staatssekretariat für Kirchenfragen beim Ministerrat der DDR als "drittrangiges" Organ bezeichnet, in den sogenannten Kirchenkampf der DDR, eingeführt.

---

[132] Vollnhals a. a. O. Seite 119.
[133] Vgl. a.a.O. Seite 118 f.
[134] Vgl. a.a.O. Seite 95.

Die Kirchen und ihr Führungspersonal werden vom MfS im Auftrage der SED *fern*gesteuert und mittels Visionen und Utopien in die rechten göttlichen Bahnen gelenkt?

Aber es ging auch ohne die Sicherheit. Während eines Gespräches des Staatssekretärs für Kirchenfragen, Hans Seigewasser, mit Oberkirchenrat Kloppenburg am 13. Oktober 1961[135] erläuterte der Staatssekretär die Position der DDR nach den Maßnahmen des 13. August 1991 (Sicherung der Grenzen) und ihre Wirkungen für die Existenz der EKD in der bisherigen „gesamtdeutschen" Form.
"Die Maßnahme des Staates (sei) kein Eingriff in die inneren Verhältnisse der Kirche, sondern etwas, was die Kirche nicht nur vom Staat her gesehen akzeptieren müsse, sondern auch von der Kirche her gesehen akzeptieren könne. Im Übrigen würde die Kommunikation zwischen den Gemeinden der beiden (deutschen – K.E.) Gebiete in dem Augenblick wieder leichter möglich sein, in dem ...die internationale Anerkennung (der DDR-K.E.), erreicht sein würde. In der Zwischenzeit könne eben, auch wenn wir (gemeint ist die EKD- K.E.) das als notvoll empfinden, der bisherige Austausch auch durch gegenseitige Besuche nicht stattfinden."[136]

Ein andrer Gesichtspunkt. „Bestimmte Privilegien, die den Kirchen in der antifaschistisch-demokratischen Phase erhalten geblieben waren, galten auch später fort. Daß es sie gab, ist angesichts der harten Konflikte mit der Partei *vor allem im Westen oft gar nicht mehr wahrgenommen worden*. Dazu gehörte, daß der kirchliche Grundbesitz von der Bodenreform 1945 wie von der Kollektivierung[137] 1959/60 ausgenommen wurde, daß es trotz Abschaffung der quasi-staatlichen Kirchensteuer Zuschüsse des Staates für Ausbildung und Versorgung des kirchlichen Personals, für die Instandhaltung kirchlicher Gebäude und eine Befreiung von der Körperschafts-, Vermögens- und Grundsteuer gab. Personalpolitische Entscheidungen konnten autonom von den kirchlichen Gremien getroffen werden. Auch in ihrer Stellung im Sozialsystem

---

[135] Kloppenburg, Heinz Gespräch mit Staatssekretär Seigewasser in Berlin am 13.10.1961. In: Polingheuer, Hans Kirchenwende oder Wendekirche. Die EKD n ach dem 9. November 1989 und ihre Vergangenheit. Bonn 1991 , Dokument 4 Seite 129 bis 134.
[136] A. a. O. Seite 131 f.
[137] Der Begriff „Kollektivierung" gilt als Synonym für die Vergenossenschaftlichung in der DDR (die Schaffung von LPG).Die Anwendung des Begriffs „Kollektivierung" ist falsch und irreführend. Die Kollektivierung in der SU betraf die grundsätzliche Verstaatlichung des *gesamten* Grund und Bodens. In der DDR blieb der in die LPG *zur gemeinsamen Nutzung* eingebrachte Boden Eigentum des Mitglieds der LPG.

hatten die Kirchen in der DDR im Vergleich zu den osteuropäischen Nachbarländern ein größeres Gewicht. Die über den religiösen Kultbereich hinausgehenden diakonischen Aufgaben (wie die Alten- und Behindertenfürsorge) blieben den Kirchen ohne direkte staatliche Kontrolle erhalten." [138]

4.1. Kirchen und Religion in der DDR

Selbstverständlich soll und kann im gegebenen Zusammenhang keine Darstellung der Kirchengeschichte der DDR während ihrer Existenz erfolgen.

Zillmann hat das im Internet in vier Teilen getan. Er gab den einzelnen Teilen für die Jahre 1945 bis 1949 die Bezeichnungen Neubeginn; 1949 bis 1961 Konfrontation; 1961 bis 1978 Entspannung und 1978 bis 1990 Wende.[139]
Er hat aus seiner Sicht bedeutende Ereignisse und Zusammenhänge aus der Geschichte der DDR dazu verwandt, diese in das Verhältnis Staat/Kirche zu stellen und auf die Kirchenpolitik der DDR anzuwenden. Zur Problematik „Trennung von Kirche und Staat" heißt es: „Bereits in Parteidokumenten der KPD, die im Anschluß an die Beschlüsse des VII. Weltkongresses der kommunistischen Internationale (1935) entstanden, befinden sich grundsätzliche Aussagen zur Rolle der Christen und der Kirche in einem neuen, demokratischen Deutschland. Das Recht der Glauben-und Gewissensfreiheit wird als eines der klassischen Grundrechte anerkannt. Schon vor Ende des Krieges arbeiten Christen und Kommunisten im Nationalkomitee Freies Deutschland zusammen."[140]
Zillmann zitiert den Beschluss des Zentralsekretariats der SED von 1946 in dem es heißt: „Vor das Trennende ihrer verschiedenen Weltanschauungen haben sie das Einigende gestellt, die Verantwortung vor der Zukunft. Am Neuaufbau Deutschlands haben auch die Kirchen aller Konfessionen teil. Das Ziel heißt: Überwindung des Faschismus durch Demokratie und Sicherung des Friedens.[141]

---

[138] [138] Kleßmann., Christoph Zwei Staaten , eine Nation. Deutsche Geschichte 1955-1970. Zweite Auflage Bonn 1997 Seite 39f. Hervorhebungen -: K.E.5.

[139] Zillmannn, Peter Darstellung der Kirchengeschichte der DDR von 1945 – 1990 in 4 Teilen. Internet: http://www.seggeluchbecken.de/kirche/ddr-kirche- (1. bis 4. htm)
[140] A. a: o: Teil I S. 4.
[141] Ebenda.

Zillmann geht auf das *Phänomen der Massenflucht* aus der DDR ein und verweist darauf, dass die Kirchen ihr „meistens hilflos gegenüber" standen. Die Kirchen baten ihre Mitglieder in der DDR zu bleiben.[142] „Trotz aller Schwierigkeiten sowohl zwischen Staat und Kirche als auch innerhalb der Kirche, kann generell nicht von einem Kirchenkampf die Rede sein. Der Kontakt zwischen den unterschiedlichen Parteien und Kräften ist niemals abgebrochen. Über alle Probleme hinaus waren Kirche und Staat miteinander gesprächsbereit und konnten konträre Positionen voreinander aussprechen. Neben der Benachteiligung und Diffamierung von Christen bemühte sich der Staat auch immer wieder um die Aufrechterhaltung seiner Bündnispolitik, und die Spannungen innerhalb der Kirche erreichten nie den Punkt, wo die Einheit im Glauben aufgegeben werden mußte."[143]

Die Verfassung der DDR vom 7. Oktober 1949 regelte in den Artikeln 40 (Religionsunterricht), 41 bis 48 das Recht der Glaubens- und Gewissensfreiheit, von Religion und Religionsgemeinschaften. Diese Artikel waren viel umfassender als das, was in der durch Volksentscheid angenommenen Verfassung von 1968, insbesondere in den Artikeln 20 und 39, stand.
Artikel 20 postulierte den Grundsatz der Gleichheit aller Bürger [144]vor dem Gesetz. jegliche Bevorzugung oder Diskriminierung auch des weltanschaulichen oder religiösen Bekenntnisses verstieß gegen den Gleichheitsgrundsatz. Im Zusammenhang mit der Gleichheit der Rechte und Pflichten wurde auch die Gewissens- und Glaubensfreiheit gewährleistet. Es war keinerlei Benachteiligung wegen des Glaubensbekenntnisses zulässig „und die religiös gebundenen Bürger gleichberechtigt und -verpflichtet Staat und Gesellschaft mitgestalten"…damit war auch die Glaubensfreiheit garantiert, wie es im Verfassungskommentar hieß.[145]
Im Artikel 39 wurde nach Meinung der Kommentatoren die in Artikel 20 gewährleistete Glaubensfreiheit ausgestaltet. Nach ihrer Ansicht wurde in diesem „Zusammenhang die Stellung der Kirchen und anderen Religionsgemeinschaften in der sozialistischen Gesellschaft geregelt."[146]

---

[142] Vgl. a. a. O. Teil II S. 4.
[143] Zillmann a. a. O. Teil II S. 11
[144] Die Verfassungen der DDR regelten grundsätzlich nur Rechte und Pflichten für ihre Staatsbürger. Das Grundgesetz für die BRD wendet sich neben „allen Deutschen" auch an „alle Menschen":Jeden, Jeder, jedermann.
[145] Verfassung der DDR. Dokumente Kommentar Band 2 Berlin 1969 S.30.
[146] a.a.O. S. 171.

Mit dem Absatz 1 sei die Religionsfreiheit gewährleistet worden. Jeder Bürger der DDR hatte das Recht, sich zu einem religiösen Glauben zu bekennen und religiöse Handlungen auszuüben. Als wesentliche Garantie der im Artikel 39 geregelten Religionsfreiheit wurde angesehen, dass jeder Bürger der DDR, unabhängig von seinem religiösen oder weltanschaulichen Bekenntnis gleiche Rechte und Pflichten hat, demnach *weder* Vorrechte noch *Benachteiligungen* „*wegen eines religiösen* Bekenntnisses zulässig sind."[147]

Durch Weglassen der Begrifflichkeit des „weltanschaulichen Bekenntnisses" im zweiten Halbsatz wird aber auch ausgesagt, dass Benachteiligungen wegen eines religiösen Bekenntnisses aus verfassungsrechtlicher Sicht erlaubt gewesen wären?

Die aktive und schöpferische Mitarbeit bei der Gestaltung der sozialistischen Gesellschaft der christlichen Bürger würde beweisen, dass sie in der DDR „ihre religiöse Freiheit gewahrt wissen." Die Gewährleistung der Religionsfreiheit wurde nach Meinung der Kommentatoren in der DDR dadurch garantiert, „daß jeder Mißbrauch der Religion und der Kirche durch den Staat oder ökonomische Machtgruppierungen für politische Zwecke ausgeschlossen ist. Es gibt keine Staatskirche…"[148]

Ausdrücklich hoben die Kommentatoren hervor, dass die Religionsfreiheit in der DDR durch § 133 StGB geschützt wurde.[149] Damit wurde strafrechtlich geschützt, dass *jeder* (also nicht nur Staatsbürger der DDR) seinen Glauben frei ausüben konnte.

Die Kirchen und anderen Religionsgemeinschaften ordnen ihre Angelegenheiten und über ihre Tätigkeit in Übereinstimmung mit der Verfassung und den gesetzlichen Bestimmungen aus. Näheres konnte durch Vereinbarungen geregelt werden.

Der Staatsratsvorsitzende Walter Ulbricht führte in diesem Zusammenhang u.a. aus, dass die Verfassung „den Kirchen und Religionsgemeinschaften eine rechtliche Basis für die ungehinderte Ausübung ihrer Seelsorge und ihrer

---

[147] Ebenda. (Hervorhebung: Autor).

[148] Ebenda S. 171 f.

[149] Der § 133 StGB hatte folgenden Wortlaut: „Straftaten gegen die Glaubens- und Gewissensfreiheit und die Freiheit der Religionsausübung (1) Wer einen Menschen mit Gewalt, durch Drohung mit einem schweren Nachteil oder durch Mißbrauch einer Notlage oder eines Abhängigkeitsverhältnisses von der Teilnahme an einer religiösen Handlung in dem dazu bestimmten Bereich abhält, behindert oder zur Teilnahme an einer derartigen Handlung zwingt, wird mit Freiheitsstrafe bis zu zwei Jahren oder mit Verurteilung auf Bewährung, Geldstrafe oder mit öffentlichem Tadel bestraft. (2) Ebenso wird bestraft, wer religiöse Handlungen in dem dazu bestimmten Bereich böswillig stört oder verunglimpfende Handlungen in gottesdienstlichen Räumen verübt."

gemeinnützigen Tätigkeit (gibt), die mit dem politischen Interesse und dem moralischen Empfinden der gläubigen Bürger übereinstimmt."[150]

Wenn der DDR-Innenminister Maron am 10. Februar 1956 in einer Grundsatzerklärung ausführte, dass die „Vertreter der materialistischen Weltanschauung, die Vertreter der fortgeschrittenen Wissenschaft, haben nicht nur das Recht, ihre wissenschaftliche Lehre überall zu vertreten. Wir leben nicht mehr im Mittelalter, wo Vertreter des religiösen Aberglaubens fortschrittliche Auffassungen unterdrücken konnten",[151] dann zeigt sich hier eine Meinung, die weder durch die 49er noch durch die 68er Verfassung gedeckt war aber offensichtlich der „Parteilinie" entsprach. In einem vertraulichen Brief der „kirchlichen Ostkonferenz" an Otto Grotewohl vom 20. März 1958 hieß es: „Wir meinen, festgestellt zu haben, daß es sich dabei nicht nur um gelegentliche Äußerungen einzelner Staatsfunktionäre handelt, sondern um einen systematischen Kampf gegen den christlichen Glauben."[152]

Der thüringische Landesbischof Mitzenheim erklärte am 29. Februar 1968: Die Kirchenmitglieder sind Staatsbürger der DDR."Die Gemeinden und Kirchen, die Anstalten und Werke der evangelischen Kirchen sind Organismen und Einrichtungen auf dem Boden der Deutschen Demokratischen Republik, und sie wissen sich zur Beachtung der Gesetze unseres Staates bei der Gestaltung ihrer eigenen Strukturen und Ordnungen verpflichtet. Die Staatsgrenzen der DDR sind „auch die Grenze für die kirchlichen Organisationsmöglichkeiten."[153]

Die Kirchen und anderen Religionsgemeinschaften wurden als Vereinigungen von Staatsbürgern der DDR auf dem Territorium dieses Staates betrachtet. Sie genossen den Schutz des Staates und seiner gesamten Rechtsordnung und erhielten bedeutende materielle Zuwendungen von ihm.

Bischof Schönherr erklärte einige Jahre später im Zusammenhang mit dem Zusammenschluss der acht Landeskirchen zum Bund der Evangelischen Kirche in der DDR: „Für sie ist die DDR der Staat, in dem sie Zeugnis und Dienst, zu dem ihr Herr sie gerufen hat, auszuüben haben. Das Barmer Bekenntnis redet in These 5 von der Würde des Staates, die nach christlichem Glauben auf göttlicher Anordnung beruht, von der Verantwortung der Regierenden und Regierten und von den Versuchungen für Staat und Kirche, die dann drohen, wenn diese ihren

---

[150] Ulbrich, Walter Die Verfassung des sozialistischen Staates deutscher Nation. Schriftenreihe: Aus der Tätigkeit der Volkskammer und ihrer Ausschüsse, Heft 5, 5.Wahlperiode, Berlin 1968 S.31.
[151] Zitiert bei Zillmann a. a. O. Teil II S. 12.
[152] Zitiert bei Zillmann, ebenda.
[153] Landesbischof Mitzenheim in: Neues Deutschland 01. März 1968 S.6.

besonderen Auftrag überschreiten... Die Kirche wird sich ...allen Versuchen widersetzen, diesen Staat zu diskriminieren, und wünscht ihm, daß er auch rechtlich den Platz in der Völkerwelt einnehmen möge, der ihm die volle Mitarbeit an den Problemen des Weltganzen, besonders im Rahmen der UNO und ihrer Gliederungen ermöglicht."[154]

Zillmann leugnet faktisch einige Jahrzehnte später, die Positionen von hier zitierten höchsten Kirchenfunktionären wie Mitzenheim und Schönherr, dass sich die Christen in der „überwiegenden Mehrheit" mit dem DDR-Staat identifizierten.[155]

Die 68er Verfassung konnte „nur die staatsrechtliche Grundlage für weitere Detailreglungen sein und die Richtung solcher Einzelregelungen vorzeichnen."[156] Wie solche rechtlichen Regelungen bis zum Anschluß der DDR an die BRD aussahen, wird am „Geltenden Recht", Ausgabe 1989 verdeutlicht. Unter dem Titel „Das Recht auf Bekenntnisfreiheit zu einem religiösen Glauben und das Recht zu Ausübung religiöser Handlungen" und den Stichworten „Kirche" und „Religionsgemeinschaften" (Ordnungszahl 0303) wird das aufgelistet.[157]

Der gradlinige Christ und Sozialist Gerd Wendelborn erläutert seine Position zum spätbürgerlichen Atheismus und erklärt diesen, für mich zweifelhaft, zur *wichtigsten* Ursache des Scheiterns des Sozialismus.

Natürlich weiß er, „daß Atheisten die Träger der Revolution von 1917 und über lange Zeit recht erfolgreich waren. Erlahmt aber der revolutionäre Elan, so kann sich der Atheismus in Richtung auf einen oberflächlichen Materialismus verändern." Wendelborn spricht „niemandem, der nicht an Jesus Christus glaubt, ab, ein ethisch ausgerichteter Mensch zu sein...Wer wirklich an Gott glaubt, der

---

[154] Bischof A. Schönherr, Vorsitzender der Konferenz der Ev. Kirchenleitungen in der DDR beim Empfang durch Staatssekretär für Kirchenfragen Hans Seigewasser am 24. Februar 1971. In: Kirche als Lerngemeinschaft. Dokumente aus der Arbeit des Bundes der Ev. Kirchen in der DDR. Berlin 1981 S.167.

[155] Zillmann a.a.O. Teil III S.6, abgerufen im Internet am 24.02.2010.

[156] Vgl. Verfassungskommentar a.a.O. S.173, 174.

[157] Das geltende Recht. Chronologischer und systematischer Teil. Verzeichnis der geltenden Rechtsvorschriften mit Änderungsdienst (Stand 31.12.1989). Berlin 1989 S. 266. Es handelt sich um: Verordnung vom 13.7. 1950 über den Austritt aus Religionsgemein-schaften öffentlichen Rechts mit 1. Durchführungsbestimmung vom 20.3. 1952; Anweisung vom 31.12.1954 über die steuerliche Behandlung der aus Mitteln der Religionsgemeinschaften gezahlten Notstandsunterstützungen; Anordnung vom 18.1.1958 über die arbeitsrechtliche Stellung der in kirchlichen Einrichtungen beschäftigten Arbeiter und Angestellten; Bekanntmachungen vom 14.1.1974 bzw. 1.3.1976 über Ratifikation und Inkrafttreten der Internationalen Konvention vom 16. Dezember 1966 über zivile und politische Rechte; Anordnung vom 28.12.1983 über die Regelung der Abgaben an den Staat und die Behandlung des Umwertungsbetrages der kircheneigenen Landwirtschaftsbetriebe im Zusammenhang mit der Agrarpreisreform; Anordnung vom 29.1. 1988 über die Bedingungen für die freiwillige Versicherung von Kulturen der privaten Gartenbaubetriebe und anderen hauptberuflichen Pflanzenproduzenten.

versteht sich selbst als Gottes Geschöpf, der sein Leben als wertvolles Geschenk erhält, für das er Gott nun aber Rechenschaft schuldig ist. Von beiden will der Mensch der spätbürgerlichen Gesellschaft in aller Regel nichts wissen. Er sieht sich selbst als Herrn seines Lebens, und er will von Verantwortung gegenüber anderen nichts hören." Diese Menschen schließen sich in ihrer großen Mehrheit „auch nicht mit anderen zu sozialem oder gesellschaftsveränderndem politischem Handeln zusammen, sondern wollen nur als Individuen glücklich und erfolgreich sein… Revolutionäre aber müssen zu großen Opfern …zur Preisgabe ihres Lebens bereit sein. Die Ergebnisse ihres jahrzehntelangen Wirkens sehen sie oft gar nicht oder nur in Ansätzen, oder sie halten das Erreichte, wie im Sozialismus, für nicht sonderlich bedenkenswert. Abgesehen von allen anderen Faktoren müsste die heutige Revolution mit einem völlig anderen Menschentyp als den früheren durchgeführt werden, und zu den Problemen, die durch Globalisierung und die Verletzlichkeit hoch entwickelter Systeme auftreten, kommen folglich die existentialen Probleme noch hinzu, auch wenn Linke davon in der Regel nichts wissen wollen".[158]

Während Zillmann in seiner Kirchengeschichte der DDR in den Teilen I bis III[159] versucht hat, ohne jegliche Hysterie und objektiv das Verhältnis zwischen dem Staat DDR und der evangelischen Kirche zu erarbeiten, gelingt ihm das im Teil IV nicht mehr. Das zeigt sich insbesondere darin, dass er dem MfS eine Rolle zuweist, die es überhaupt nicht hatte. Er fabriziert einen Kirchenkampf, den es in dieser Form gar nicht geben konnte, wenn er z.B. feststellt alle „Kirchenleitungen und Konsistorien wurden bespitzelt mit Wanzen angezapft und ihre Entscheidungen und Beschlüsse waren für die Stasi nie ein Geheimnis gewesen. Selbst ganz interne Dinge konnten nicht abgesichert werden. Symptomatisch ist die Person des Rechtsanwalts Schnur."[160] Die kirchliche Entwicklung, was man darunter auch versteht, sei *immer* von der Staatssicherheit beeinflußt und oftmals sogar direkt von ihr gesteuert" worden.[161]

Lothar de Maiziere, letzter Ministerpräsident der DDR, beschreibt den „langen Schatten der Stasi", wie er zum inoffiziellen Mitarbeiter mit Feindberührung

---

[158] Vgl. Wendelborn a.a.O. S. 127

[159] Zillmannn, Peter Darstellung der Kirchengeschichte der DDR von 1945 – 1990 in 4 Teilen. Internet: http://www.seggeluchbecken.de/kirche/ddr-kirche- (1. bis 3. htm)

[160] A. a. O. Teil IV Seite 29 Fußnote 12.

[161] A. a. O. Seite 3.

„Czerni" auf Grund von Indizien (nicht □eweisen!), insbesondere von der „Gauck-Behörde" gemacht wurde.[162]

Zillmann hat nicht versäumt, z.B. kommentarlos den Synodalen Lothar de Maiziere als IM „Czerni" darzustellen und gleichzeitig die CFK (Christliche Friedenskonferenz), den Weißenseer Arbeitskreis, die Gossner Mission und die Sächsische Bruderschaft bezichtigt, „durch theologisieren politischer Sachverhalte und durch politisieren der Theologie (*natürlich im Auftrage des MfS*) sollten sie die Wirksamkeit kirchlicher Gruppen schwächen."[163]

Die Kurzdarstellung über die Religion in der DDR soll durch eine Darstellung der Jugendweihe abgerundet werden:

Als ein beliebtes Ziel für die Darstellung der Religionsfeindlichkeit der DDR wird häufig die *Jugendweihe* genutzt und suggeriert, sie sei eine Erfindung der DDR.[164] Die Jugendweihe in der DDR wurde „praktisch zur Zwangsveranstaltung. Tausende von Jugendlichen mussten schwere Benachteiligungen hinnehmen. Wer nicht daran teilnahm, musste mit erheblichen Nachteilen in Schule und Beruf (schlechtere Lehrstelle, keine Zulassung zur Oberschule; Studienverbot) und Repressionen rechnen, auf die Eltern wurde Druck ausgeübt."[165]

Dabei wird einfach unterschlagen, dass es die Kirche war, die „Zur Frage der Jugendweihe" immer wieder betonte, dass es zwischen Jugendweihe einerseits und Konfirmation andererseits jegliche Verbindung unmöglich ist.

In einem Rundschreiben des Greifswalder Bischofs Krummacher vom 18. Januar 1958 heißt es: „Als im Jahre 1953 durch einen `Aussschuß für Jugendweihe´ mit staatlicher Förderung die Feier der Jugendweihe … eingeführt und propagiert wurde, hat die Kirche erklärt, daß es nur ein Entweder-Oder zwischen Jugendweihe und Konfirmation gibt. Man kann sich nicht zu einer Wissenschaft bekennen, die grundsätzlich die Existenz Gottes leugnet, und gleichzeitig das Ja zu seiner Taufe erneuern und sein Leben unter die Verantwortung des Dreieinigen Gottes stellen. Diese Stellungnahme ist von allen Kirchen in der Deutschen Demokratischen Republik einmütig beschlossen und in all den Jahren festgehalten worden. Auch dem Staat gegenüber hat die

---

[162] Maiziere de, Lothar „Czerni und der lange Schatten der Stasi" in: Ich will, dass meine Kinder nicht mehr länger lügen müssen. Meine Geschichte der deutschen Einheit. Freiburg. Basel. Wien 2010, Seite 321 – 321.
[163] Zillmann Teil IV a .a. o. Seite 3.. Ergänzung: K.E.
[164] Im Internet: http://de.wikipedia.org/wiki/ Jugendweihe (abgerufen am 10.Juni 2011) wird auf 6 Seiten deutlich ausgedrückt, das es sich bei der Jugendweihe um eine freireligiöse und freidenkerische Tradition der Arbeiterbewegung des Jahres 1852 handelt. Als Blütezeit wird die Weimarer Republik (1918-1933)
[165] A .a. O. Seite 6.

Kirche immer wieder betont, daß eine Verbindung von Jugendweihe und Konfirmation unmöglich ist."[166]

An anderer Stelle des Rundschreibens heißt es dann, mit der Jugendweihe ist „eindeutig die Glaubensfrage gestellt. Entweder glauben wir an Gott. den Schöpfer der Welt und des Menschen, oder wir glauben an den Menschen und die Menschheit. Hier kann es nur ein Entweder-Oder geben.

Es muß besonders betont werden, daß mit dieser Alternative keine politische oder wirtschaftliche Entscheidung getroffen wird. Wenn die Kirche es ablehnen muß. daß Konfirmanten zur Jugendweihe gehen und dort das Gelöbnis ablegen, ihre `ganze Kraft für dir große und edle Sache des Sozialismus einzusetzen´, dann nur deshalb, weil die christlichen Kinder damit nicht nur auf den Sozialismus in wirtschaftlicher, politischer und gesellschaftlicher Hinsicht verpflichtet werden sollen, sondern <u>zugleich</u> auch auf die sozialistische Weltanschauung, d.h. <u>zugleich</u> auf die atheistisch-materialistische Weltanschauung. Ein evangelischer Christ kann sehr wohl den Sozialismus nach seiner wirtschaftlichen, politischen und gesellschaftlichen Seite bejahen. Da aber die Veranstalter der Jugendweihe und die staatlichen Stellen, die sie fördern, es ausdrücklich betonen, daß zum Sozialismus auch die sozialistische Weltanschauung d. h. der atheistisch-materialistischer Glaube untrennbar hinzugehört, ist es für einen Christen unmöglich, sich auf den Sozialismus verpflichten zu lassen, auch wenn man ihn nach seiner politischen, wirtschaftlichen und gesellschaftlichen Seite anerkennt."[167]

Im bischhöflichen Rundschreiben heißt es dann weiter:„...Wenn wir uns aus Glaubensgründen gegen die Jugendweihe wenden müssen, wollen wir damit keine politische Entscheidung treffen und keine Stellung gegen den Staat einnehmen. Die Kirche muß aber auch im Blick auf die Konfirmation auf ihrem Recht beharren, innerkirchliche Entscheidungen nach ihren Ordnungen zu treffen. Wir müssen von denen, die sich zur Kirche bekennen, eine klare Stellungnahme fordern. Wer in der Konfirmation ja sagt zu seiner Taufe, sagt damit ja auch zu den Ordnungen der Kirche, besonders zu den Lebensordnungen. Nach diesen Ordnungen kann die Kirche aber nur die Menschen konfirmieren, nur denen die kirchliche Trauung, nur die zu einem Amt als Pate oder einem sonstigen Amt in der Kirche bestellen, die sich zu dem

---

[166] Rundschreiben Bischof Krummacher, 1958. In: Landtag Mecklenburg-Vorpommern Leben in der DDR, Leben nach 1989- Aufarbeitung und Versöhnung. Zur Arbeit der Enquente-Kommission. Expertisen und Forschungsstudien zum Thema „Kirche und Staat". Band VII Schwerin 1997 Seite 169.
[167] A. a. O. Seite171.

Herrn der Kirche bekennen und nicht gleichzeitig öffentlich bekunden, daß es einen Gott und Schöpfer der Welt nicht gibt. Das sollte jeder einsehen. Das Recht der Kirche, so zu verfahren", ist in der Verfassung der DDR (Artikel 43) garantiert.[168]

Der Bischof Krummacher gab in diesem Zusammenhang folgendes zu bedenken: "Jeder beliebige Verein verpflichtet seine Mitglieder zur Innehaltung seiner Ordnungen und Satzungen. Wer dagegen verstößt, wird aus dem Verein ausgeschlossen. Nur der Kirche wird das Recht, ihr Leben nach ihren Ordnungen einzurichten, entgegen den Bestimmungen der Verfassung verwehrt. Pfarrer werden diffamiert und öffentlich angegriffen, wenn sie pflichtgemäß auf Grund der geltenden Lebensordnungen ihrer Kirche Jugendlichen, die sich der Jugendweihe unterziehen, die Konfirmation, die kirchliche Trauung und die Ausübung kirchlicher Rechte versagen. Man zieht Pfarrer wegen ihres Verhaltens zur Verantwortung und will kirchliche Amtsträger zwingen, jugendgeweihte Kinder zu konfirmieren und den Ordnungen der Kirche untreu zu werden."[169]

Warum hat denn die Kirche ihre Vereinsmitglieder, wegen Verstoßes gegen Satzungen oder Ordnungen wohl nicht ausgeschlossen, obwohl sie es hätte tun können?

Dem Leser soll Anhand des Buches „Weltall Erde Mensch"[170] ein Eindruck vermittelt werden, der verdeutlicht, wie die Jugendweihe in der DDR inhaltlich gestaltet wurde.

Das Buch ist gewidmet: „Zur Erinnerung an die Jugendweihe gewidmet vom Zentralen Ausschuß für Jugendweihe in der Deutschen Demokratischen Republik."

Dem sich das Geleitwort anschließt, das mit dem Satz beginnt: „Dieses Buch ist das Buch der Wahrheit." Im Zusammenhang mit dem hier behandelten Gegenstand macht der Staatsratsvorsitzende Ulbricht darauf aufmerksam, dass „die Wissenschaft beweist- (das) die Materie ewig ist und nur ihre Strukturen und Formen verändert …" Das Buch wird als „eine bedeutsame Hilfe für die Erarbeitung eines wissenschaftlichen Weltbildes" angesehen (1972) und zeigt,

---

[168] A.a.O. Seite 172. Der Kernsatz des Artikels 43 der 49er Verfassung lautet: „Es besteht keine Staatskirche….Jede Religionsgemeinschaft ordnet und verwaltet ihre Angelegenheiten selbständig nach Maßgabe der für alle geltenden Gesetze…"
[169] Ebenda.
[170] Dieses Buch erhielt jeder Teilnehmer während der Abschlussveranstaltung zur Jugendweihe mit einer Urkunde überreicht. Es erschien 1954 erstmalig und blieb, wenn vom Geleit W. Ulbrichts; Vorsitzender des Staatsrates der DDR, abgesehen wird, fast unverändert. Hier liegen die 15. , bearbeite Auflage, 1967 und die 20.,bearbeitete Auflage, 1972 vor.

„wie der Mensch sich in einem langen Entwicklungsprozeß aus dem Tierreich löste, wie er mit seiner Hände Arbeit selbst seine Lebensbedingungen nach seinem Willen veränderte…“.

Die Wissenschaft beantwortet alle Fragen nach Ursprung und Entwicklung des Lebens auf der Erde „auf materialistische, natürliche Weise. Sie läßt keinen Raum für Mystizismus, Aberglauben und andere idealistische Vorstellungen von der Beschaffenheit der Welt. Die Wissenschaft beweist, daß die Welt und ihre Gesetzmäßigkeiten erkennbar sind und daß es für den forschenden Menschen keine `ewigen Rätzel´ gibt. Was uns heute noch verborgen ist, werden wir mit Sicherheit morgen wissen“ (1972).[171]

Auf die Fragen „wie sehen wir unsere Welt?“, „Brauchen wir eine wissenschaftliche Weltanschauung?“ „Was ist Materialismus?“ „Warum wollen wir eigentlich die Welt erkennen?“ nimmt Kosing Stellung und verbindet diese Fragen mit den Antworten nach der materialistischen Dialektik und ihrer Geschichtsauffassung sowie ihrer Bedeutung für Wissenschaft und Praxis. Er schließt mit den Worten: „Den dialektischen und historischen Materialismus hat nur verstanden, wer seine Erkenntnisse fortwährend in das praktische Leben überführt, wer sie praktisch anwendet im Kampf um die Sicherung des Friedens…“[172]

Das Kapitel „Die Erde und die Entwicklung des Lebens“, beginnend mit dem chemischen und stofflichen Aufbau der Erde stellt solche antireligiösen Fragen nach den Merkmalen des Lebens und ob das Leben ein Wunder ist? und stellt die Legende von der Erschaffung der Welt in sechs Tagen ins Abseits. Die wissenschaftliche Grunderkenntnis, dass der Mensch auf natürliche Art und Weise entstanden ist und sich ständig weiterentwickelt, wird in aller gebotenen Ausführlichkeit behandelt.

Gleiches gilt für die wissenschaftliche Darstellung des Weges des Menschen in der menschlichen Gesellschaft, seine Entwicklungsgeschichte von der Urgesellschaft, Sklaverei, Feudalismus zur Klassengesellschaft des modernen Kapitalismus.

Selbstverständlich bleiben Marx, Engels, Lenin ihre wissenschaftlichen Leistungen und ihre Arbeiten zur sozialistischen Gesellschaftsordnung und zum Kommunismus nicht unberücksichtigt.

---

[171] A. a .O. Seite 6.
[172] Kosing, Alfred a. a. O. .Seite 24.

Wenn Ulbricht, wie Eingangs dokumentiert, das Buch zur Jugendweihe als *das Buch der Wahrheit* reklamierte, dann ist der Aufschrei der Kirche sicher nicht unterblieben. Warum sollte er auch unterbleiben?

Schließlich geht es hier um nicht Mehr oder Weniger als um die Beantwortung der Grundfrage der Philosophie: Die „Frage nach dem Verhältnis von Materie (Natur Sein) und Bewußtsein (Geist, Denken), als die höchste Frage der Philosophie, von deren Beantwortung die Teilung und Einteilung der philosophischen Anschauungen und Systeme in den beiden entgegengesetzten Grundrichtungen Materialismus und Idealismus sowie die grundsätzliche Lösung aller wichtigen philosophischen Probleme abhängt...Wie jeder Materialismus geht auch der dialektische und historische Materialismus vom Primat der Materie gegenüber dem Bewußtsein aus...":[173] Der dialektische und historische Materialismus beschränkt sich nicht auf diese Feststellung . Aus dem Wechselverhältnis von Materie und Bewußtsein ergibt sich, dass die Materie vor dem Bewußtsein existiert, sie ist ewig, absolut und unendlich. Das Bewußtsein entsteht erst auf einer bestimmten Entwicklungsstufe der Materie. Es ist vergänglich, bedingt und endlich. „Das Bewußtsein ist ein Produkt der Materie, denn es entsteht als besondere Eigenschaft der Materie, auf der Grundlage bestimmter Funktionen hochorganisierter Materie, nämlich des Zentralnervensystem des Menschen, insbesondere des Gehirns.“[174]

Bezogen auf unserer Thematik heißt das stark vereinfacht, Gott hat nicht den Menschen erschaffen sondern der Mensch hat Gott geschaffen.

Die Frage nach der Wahrheit, als einer Kategorie der Philosophie, ist ein heftig umstrittener Begriff zwischen Materialismus und Idealismus, sowie zwischen metaphysischer und dialektischer Denkweise. Der materialistische Wahrheitsbegriff wurde bereits von Aristoteles geschaffen. Im Gegensatz zu Wahrheitstheorien des Idealismus geht die „Wahrheitstheorie des dialektischen Materialismus von der Abbildtheorie aus und sieht wie Aristoteles die Wahrheit in der Übereinstimmung der Erkenntnis mit der objektiven Realität. Der dialektische Materialismus baut auf der Wahrheitskonzeption des Aristoteles auf und entwickelt sie weiter.“[175] Von besonderer Bedeutung ist die Unterscheidung von absoluter und relativer Wahrheit.

---

[173] Klaus, Georg/ Buhr, Manfred (Hrg.) Philosophisches Wörterbuch Leipzig 1968Seite226 f.
[174] A. a. O. Seite 227.
[175] A. a. O. Seite 586

Der Begriff der Wahrheit wird in der Bibel nicht als ein philosophischer betrachtet. Die Wahrheit *zwischen den Menschen* meint Zuverlässigkeit und Aufrichtigkeit. Wahrheit zwischen Mensch und Gott. In der Welt kämpfen Wahrheit und Lüge gegeneinander. Jede Liebe erweist sich als Wahrheit im Denken und Handeln.[176]

Auf die Frage, was ist Wahrheit greift Berger als Hilfspunkt auf die Weisheit und führt z.B. aus, dass „die biblische Wahrheit parteiisch ist, weil sie im Namen Gottes gesucht und verkündet wird. Der biblische Gott aber steht nicht für Unklarheit und Betrug, nicht für Verschleierung und Lüge, nicht für ideologische Vernebelung. Der biblische Gott steht für den klaren Kontrast zwischen Schöpfer und Geschöpf. Und anzubeten ist allein der Schöpfer und nicht das Geschöpf. Das Geschöpf aber ist endlich und brüchig, gefährdet und jedenfalls nicht gerecht von Natur aus"[177]

Soweit einige Gedanken zur Jugendweihe in der DDR und zur Beantwortung der Frage, warum sie insbesondere von der Kirche so bekämpft wurde und noch wird.

Ich überlasse es dem Leser, aus den Zitaten, die notwendigen Schlüsse zu ziehen.

Feststehend bleibt, dass es zwischen den Grundtatbeständen des dialektischen und historischen Materialismus einerseits und der Religion die von der Kirche vertreten wird andererseits, keine wie immer geartete „friedliche Koexistenz" (wir nannten es in der DDR – ideologische Koexistenz) geben kann. Die Standpunkte eines „biederen Atheismus" [178] sind mit den Weisheiten der Bibel unvereinbar. Deshalb mußte auch jeder Versuch der Kirche scheitern, eine „Neutralität des Staates durchzusetzen"...Die Zahl der Teilnehmer an der Jugendweihe stieg in den fünfziger Jahren sprunghaft an, ohne daß die Anzahl der Konfirmationen im gleichen Umfang zurückging. 1954/55 nahmen 52322 Jugendliche an der Jugendweihe teil (17,7 Prozent des Altersjahrgangs) 1968/69 waren es 23371 (90,9m Prozent)."[179]

Kleßmann stellt einen Rückgang der „Tauf-, Trauungs-und Abendmahlzeiten *...relativ unabhängig* von den Konflikten zwischen Staat und Kirche auch ein

---

[176] Vgl. Kleines Bibellexikon Berlin und Altenburg 1988 Seite 293
[177] Berger, Klaus Die Wahrheit ist Partei. Öffentliches Handeln un biblische Weisheit. Freiburg/Basel/Wien 2007 Seite 20
[178] Kleßmann a.a.O. Seite 397unter Berufung auf weitere Quellen.
[179] Ebenda.

Säkularisierungsprozeß, der sich in der Bundesrepublik in ähnlicher Weise vollzog" fest.[180] Er fährt fort: „Während in der Bundesrepublik zumindest *die Fassaden einer christlichen Gesellschaft* viel länger konserviert wurden, führte er in der DDR nicht nur weg von der Volks- und hin zur Gemeindekirche, sondern stimulierte Anfang der sechziger Jahre auch eine Neubestimmung der gesellschaftlichen Position der Kirche."[181]

Zusammenfassend stelle ich fest: Trotz Jugendweihe in der DDR schreitet der Säkularisierungsprozeß auch im größer gewordenen Deutschland voran!

5. „Gott mit uns" – Leitmotiv der faschistischen Soldaten im Zweiten Weltkrieg.

Wenn in der Stuttgarter Erklärung vom 18. Oktober 1945 des Rates der Evangelischen Kirche in Deutschland[182] u.a. heißt, dass die evangelische Kirche während der faschistischen Diktatur lange Zeit wenig gegen das Gewaltregiment getan hat und sich anklagte, dass sie „nicht mutiger bekannt, nicht treuer gebetet, nicht fröhlicher geglaubt und nicht brennender geliebt" hat und einen neuen Anfang versprach, dann soll nicht unbeachtet bleiben, das die Mitschuld des evangelischen Kirche am Holocaust nicht in der Vergessenheit verschwinden soll.

Das ist besonders deshalb von (aktueller) Bedeutung, weil die Verfolgung und Vernichtung der Juden von den Nazifaschisten selbst in eine Reihe mit den Kommunisten (Bolschewisten) gestellt wurde.

Mit ausgewählten Zeitzeugnissen des vergangenen Jahrhunderts wird die *Geisteshaltung* der evangelischen Kirche in ihrer Gesamtheit, vor allem am Beispiel Bayern, in einer Dokumentation im Jahre 1999 erschienen, verdeutlicht.[183]
Zahlreiche Materialien werden dokumentiert die zeigen, wie die Großkirchen *Andersgläubige bzw. Andersdenkende* (insbesondere werden Juden benannt) bekämpften und verfolgten und das faschistische Deutschland während des zweiten Weltkrieges unterstützten. Die *Geisteshaltung* wird durch

---

[180] Ebenda
[181] A. a. O. Seite 398. Hervorhebungen K.E.)
[182] Vgl. Fußnoten 27 ff.
[183] Zeitschrift „Der Theologe", Hrsg.. Dieter Potzel, Ausgabe Nr. 4: Die evangelische Kirche und der Holocaust, Wertheim 1999, 3.Auflage 2004. Internet: http://www.theologe.de/theologe4.htm im Umfang von 95 Seiten.

zeitgeschichtliche Fakten, die auf Konzils- und Synoden-Beschlüsse der katholischen und evangelischen Kirche beruhen, untermauert. „Dazu gehört vor allem die kirchliche Bekämpfung anderer Glaubensgemeinschaften aus parallel zur Bekämpfung des Judentums. Weiterhin ist zu bedenken, dass ein großer Teil der Nationalsozialsten evangelische oder katholische Kirchenmitglieder sind, auch wenn dies im Einzelfall oft noch nicht herausgefunden wurde und deshalb nicht vermerkt ist. Eine klare Unterscheidung `Hier die die Nazis, dort die Kirche´ ist aus diesem Grund nicht möglich. Beide Bereiche überschneiden sich bei Hunderttausenden von Betroffenen, die sowohl NSDAP- als auch Kirchenmitglieder sind....Wenn sich einzelne Mitglieder der Kirche unter Einsatz ihres Lebens für jüdische Mitbürger einsetzen bzw. deswegen Nachteile riskierten oder in Kauf nahmen, dann wird das Gute in ihrem Tun nicht in Frage gestellt. Hinweise darauf wurden von den Kirchen vielfach dokumentiert. Oftmals wurde mit diesen Beispielen aber von der Schuld der evangelischen Lehre und der evangelischen Kirche abgelenkt. Die zahlreichen Zeugnisse gegenteiligen Inhalts, welche die Verbindung von evangelischer Kirche, evangelischer Lehre und Judenverfolgung dokumentieren, wurden demgegenüber oft zurück gehalten, beschönigt oder verdreht."[184]
Wenn fast schamhaft von „kirchlicher Bekämpfung anderer Glaubensgemeinschaften" gesprochen wird, dann beziehe ich damit den antifaschistischen Widerstand vor allem den der Kommunisten/Sozialisten/ Demokraten mit ein, obwohl sie gewiss keine „Glaubensgemeinschaft" im kirchlichen Sinne sind.

Die Wurzeln der „Zusammengehörigkeit" von evangelischer Kirche und Hitlerfaschismus liegen schone lange Zeit vor der offiziellen Machtübernahme der NSDAP.[185]
Die meisten Pfarrer wählten Hitler zum Reichskanzler und anläßlich seiner Wahl läuteten die Glocken vieler evangelischer Kirchen;
die katholischen Bischöfe wiederriefen bereits im März 1933 ihre Ablehnung des Nazifaschismus;
die evangelische Kirche verstand sich als „Damm gegen Volkszersetzung des Bolschewismus und des Freidenkertums";
nach dem Verbot aller Parteien außer der NSDAP (Juli 1933) bediente sich die Ein- Parteien-Diktatur als Vizekanzler den parteilosen Katholiken Franz von

---

[184] A. a. O. Seite 6.
[185] Vgl. a.a.O. „Die Ereignisse im Zeitablauf", Rolle Martin Luthers, die Jahre ab 1900... .

Papen (seit 1923 päpstlicher Geheimkämmerer, Mitglied des Ritterordens vom Heiligen Grab zu Jerusalem und Ritter des Malteserordens);

Kirchenmitarbeiter, die nicht „makellos arisch" waren, wurden entlassen und es gab evangelische Diakone, die SA Jesus Christi und die SS der Kirche stellte ein Konzentrationslager unter kirchliche Leitung;

Zur Volksbefragung zum Austritt Deutschlands aus dem Völkerbund gab es vollste Übereinstimmung der Kirchen mit Hitler: Raus aus dem Völkerbund;

Evangelisch-Lutherische Kirche in Bayern erklärte: „Gott hat uns den Führer geschenkt";

1938: Alle evangelischen Pfarrer müssen den Treue-Eid auf Adolf Hitler schwören. In der Eidesbegründung heißt es: ..."als ein berufener Diener im Amt der Verkündigung sowohl in meinem gegenwärtigen wie in jedem anderen geistlichen Amte, so wie es einem Diener des Evangeliums in der Deutschen Evangelischen Kirche geziemt, dem Führer des deutschen Volkes und Staates Adolf Hitler treu und gehorsam sein und für das deutsche Volk mit jedem Opfer und jedem Dienst, der einem deutschen evangelischen Manne gebührt mich einsetzen werde: weiter, daß ich die mir anvertrauten Pflichten des geistlichen Amts gemäß den Ordnungen der Deutschen Evangelischen Kirche und den in diesen Ordnungen an mich ergehenden Weisungen gewissenhaft wahrnehmen werde: endlich, daß ich als rechter Verkünder und Seelsorger allzeit der Gemeinde, in die ich gestellt werde, mit allen meinen Kräften in Treu und Liebe dienen werde. So war mir Gott helfe Ich schwöre bei Gott, dem Allmächtigen und Allwissenden: Ich werde dem Führer des Deutschen Reiches und Volkes, Adolf Hitler, treu und gehorsam sein, die Gesetze beachten und meine Amtspflichten gewissenhaft erfüllen, so wahr mir Gott helfe."[186]

im kirchlichen Nachtrag zum fehlgeschlagen Attentat auf Hitler am 8.11. 1939 im Münchener Bürgerbräukeller durch Georg Elser,[187] läuteten Deutschlands Kirchenglocken zu „Dankgottesdiensten"; weil der Führer nicht beschädigt wurde;[188]

die evangelische Krankenschwester Pauline Kneissler tötet nach Erteilung der katholischen Sterbesakramente durch den Klinikseelsorger mit einer Giftspritze Behinderte. Anmerkung: Die Mörderin wurde nach dem Krieg zu vier Jahren Haft verurteilt;

---

[186] Gesetzblatt der DEK 44/1934 Seite 122 § 1.
[187] Zeitschrift „Der Theologe", a.a.O.
[188] Details zu Georg Elser, der Mitglied in der Kampforganisation der KPD (dem RFB) gewesen sein soll im Internet: http://(de.wikipedia.org/wiki/Georg_Elser

am 1.1.1944 schlägt der Präsident der Evangelischen Kirche Hugo Rönck vor, den Himmel mit Blutvergießen zu gewinnen;

am 10.5.1945 erklärt Landesbischof Theophil Wurm in Stuttgart: „Es hat von Seiten der beiden christlichen Kirchen nicht an Versuchen gefehlt, die Regierung an ihre Verantwortung vor Gott und vor den Menschen zu erinnern. Aber diese Mahnungen wurden entweder nicht beachtet oder als Eimischung in staatliche Angelegenheiten zurückgewiesen";

SS-Sturmbannführer Dr. Matuseyk bittet am 6.7.45 Landesbischof Meiser darum, alle SS-Männer in die Seelsorge einzuschließen, weil sie „was Körper und Geist anbetrifft", im Großen und Ganzen eine gute Auslese waren;

Bayrischen evangelischen Pfarrern wird von der Kirche verboten, bei der sogenannten Entnazifizierung mitzuwirken.[189]

Zusammenfassend stellt diese Dokumentation fest: „Sowohl die ‘Deutschen Christen’ als auch die ‘Bekennenden Kirchen ’unterstützen mehr oder weniger die Judenverfolgungen. Der Gehorsam gegenüber Hitler ist für beide kein Widerspruch zum evangelischen Bekenntnis."[190]

Die deutschen Faschisten „haben nach anfänglichem Bekenntnis zum kirchlichen Christentum den Antisemitismus von seinen kirchlichen Wurzeln zu lösen versucht. Dies hat es der Kirche erleichtert, sich nach 1945 als ‘Opfer’ darzustellen anstatt sich als Anstifter bzw. Vorläufer zu erkennen. Doch die ‘Endlösung’ des Holocaust steht in vieler Hinsicht in Verbindung zum evangelischen und katholischen Glauben."[191]

Der Herausgeber der Dokumentation, Dieter Potzel, wirft abschließend folgende *innerkirchliche* Fragestellungen auf, deren Beantwortung er offen läßt: „Sind die kirchlichen Bekenntnisse zu den Grundwerten der demokratischen Verfassung heute also nur Lippenbekenntnisse oder Arrangements mit dem Staat? Oder sind sie mittlerweile in einem korrigierten kirchlichen Glauben begründet? Sind dann die tiefer liegenden Wurzeln für kirchliche Intoleranz und Verfolgung Andersdenkender erkannt, bereut und bereinigt? Und hat man sich bei den Verbrechen um eine Wiedergutmachung bemüht? Haben die Kirchenverantwortlichen einen Bewusstseinswandel wenigstens in einigen Bereichen vollzogen?"[192] Damit die Fragen beantwortet werden können und die

---

[189] Vgl. Zeitschrift „Der Theologe", a.a.O. Seite 22 f.., 30, 35, 48, 54, 63, 65 f., 71
[190] A. a. O. Seite 85.
[191] A. a. O. Seite 88.
[192] A. a. O. Seite 91.

ganze Wahrheit an Licht kommt, ist es notwendig- die Kirchenarchive zu öffnen![193]

Zur historischen Erinnerung: Der Soldat der faschistischen deutschen Wehrmacht trug auf seinem Koppelschloss während des Zweiten Weltkrieges die Parole: *Gott mit uns.*

Auch Ulrich Schneider[194] hat in einer Dissertation im Jahre 1986 am Beispiel der Bekennenden Kirche in Kurhessen- Waldeck und Marburg untersucht, welche Rolle die Kirche während der Zeit der faschistischen Diktatur spielte.

Der evangelische Gefängnisgeistliche Poelchau,[195] der Zeuge an über eintausend Hinrichtungen (durch Erschießen, Erhängen, Köpfen und Enthauptungen mittels Guillotine) in den Strafanstalten Plötzensee und Tegel sowie Brandenburg-Görden war, berichtet über die letzten Stunden z.B. der Mitglieder der „Roten Kapelle" oder die Verurteilten des gescheiterten Attentats auf Hitler am 20. Juli 1944. „In den letzten illusionslosen Gesprächen mit den Todgeweihten wurden Kräfte jenes Friedens lebendig, der höher ist als alle Vernunft, mächtiger als die Furcht vor dem Richter und dem Beil und dem Strick des Henkers."[196]

Es soll aber nicht unterschlagen werden, dass es eine Reihe z.B. von evangelischen Pfarrern gab, die die Gefahr der immer weiter um sich greifenden Gefahr des Faschismus erkannten und sich gegen ihn stellten. Einer von ihnen ist Erwin Eckert, Pfarrer der badischen Landesdeskirche.

Einen Artikel in „Der Religiöse Sozialist. Sonntagsblatt des arbeitenden Volkes"[197] trug die Überschrift „Ist die evangelische Kirche rettungslos dem Faschismus verfallen?" Er führt unter dieser Frage aus: „Die evangelische Kirche denkt nicht daran, die nationalsozialistische Gefahr abzudämmen; im Gegenteil. Die pfälzische Kirchenregierung hat folgenden Beschluß gefaßt: `Das Mitbringen von Fahnen politischer Parteien in die Kirche bei allgemeinen Gottesdiensten wird künftig nicht mehr genehmigt. Von diesem Verbot nicht

---

[193] Vgl. a.a.O. Seite 95.

[194] Schneider, Ulrich Bekennende Kirche zwischen „freudigem Ja" und antifaschistischem Widerstand. Eine Untersuchung des christlich motivierten Widerstandes gegen den Faschismus unter besonderer Berücksichtigung der Bekennenden Kirche in Kurkessen-Waldeck und Marburg. Dissertation Philips-Universität Marburg 1986.

[195] Poelchau, Harald Die letzten Stunden. Erinnerungen eines Gefängnispfarrers aufgezeichnet von Graf Alexander Stenbock-Fermor, Berlin 1949.

[196] A. a. O. Seite 152.

[197] 1931, Nr. 3 vom 18. Januar 1931, Seite 11.

betroffen werden die Fahnen militärischer Vereinigungen sowie Fahnen, die bei besonderen, auf Wunsch von Parteien abgehaltenen Gottesdiensten in der Kirche zur Aufstellung kommen.´

Hakenkreuztotengedenkfeiern, Hakenkreuzgottesdienste, Hakenkreuztrauungen mit Uniform und Fahnen, Militärmusik und Hitlergruß werden jetzt mit Zustimmung der Oberkirchenbehörde in der Pfalz ungehindert stattfinden können.“[198]

Balzer hat in Originalbeiträgen von Wolfgang Abendroth (1906-1985), Karl Barth(1856-1968), Emil Fuchs (1874-1971), Paul Piechowski (1892-1966), Arthur Rackwitz (1895-1980), u.a. am Beispiel des späteren KPD- Mitglieds Eckert deutlich gemacht, dass und wie die religiösen Sozialisten aktiv gegen den Nazifaschismus auftraten.[199]

6.   Christliche Werte und die Gesellschaft in der DDR

„Was wäre gewesen, wenn es in der DDR zwei Stunden Religionsunterricht pro Woche an den Schulen gegeben hätte?“[200]

Hätte die Gesellschaft der DDR dann anders funktioniert, hätte es eine andere DDR gegeben, wenn der Religionsunterricht sogar gefördert worden wäre?

In sechs Thesen[201] wird z.B. von Tiefensee, unter dem Titel „welchen Einfluß hatten christliche Werte auf die Gesellschaft der *ehemaligen* DDR.“[202] erläutert:

1. These: Das Wertebewußtsein des Staatsbürgers der DDR ist immer noch (im Jahre 1999) bei christlichen Theologen weitgehend unbekannt.
2. These Das Wertebewußtsein zeigt „unterhalb der Schwelle religiöser Werte kaum charakteristische Abweichungen“ von der BRD bzw. Westeuropa.
3. These: Die DDR-Gesellschaft war „Teil des christlich geprägten Abendlandes“, sie hat die christlichen Wertvorstellungen „weitgehend assimiliert, sie aber als humanistisch umdeklariert, so daß christliche Werte nicht als solche wahrgenommen“ wurden.

---

[198] Balzer, Friedrich-Martin (Hrsg.)Protestantismus und Antifaschismus vor 1933. Der Fall des Pfarrers Erwin Eckert in Quellen und Dokumenten, Bonn 2011, Seite 175.
172 Das Werk umfasst 527 Seiten.
[200] Unter diesem Titel erschien im Internet: http://religionspolitik.blogspot.com/2010/01/christliche-werte-und-die-gesellschaft.html ein Thesenpapier der Humanistischen Union in Reflektion auf eine Frage des FDP-Bundestagsabgeordneten Pascal Kober, den Radio Vatikan zitierte.
[201] des katholischen Theologieprofessors Eberhard Tiefensee aus dem Jahre 1999.
[202] Gemeint ist nicht die „ehemalige“, sondern die DDR. Ehemalige DDR sind die neuen Bundesländer.

4. These: Die DDR-Gesellschaft stellte „ein areligiöses Milieu dar." Das war „nicht in erster Linie eine Folge kommunistischer Religionspolitik, sondern ein Ergebnis der spezifischen Christentumsgeschichte in dieser Region."
5. These: „Die Entkirchlichung hat... nicht zu charakteristischen Veränderungen im Bereich der Sinn-und Werteorientierung geführt."
6. These: „Von der Annahme, die Entkirchlichung führe zu einem allgemeinen Werteverfall, ist besonders aus kommunikationsstrategischen Gründen Abstand zu nehmen."

Um hier eine eindeutige Position einnehmen zu können, ist es meines Erachtens unumgänglich die Begrifflichkeit „christliche Werte, Wertebewußtsein unterhalb der Schwelle religiöser Werte, Wertvorstellung, Werteorientierung, Werteverfall" zu umreißen.

Das erscheint nur dann als sinnvoll, wenn *Wert* als philosophisch-soziologischer Begriff verstanden wird, der die praktische und geistige Aneignung der natürlichen und gesellschaftlichen Umwelt durch den Menschen zum Ausdruck bringt.

Der Wertebegriff fixiert in einer allgemeinen Form die Bedeutung oder Bedeutsamkeit von natürlichen und gesellschaftlichen Gegenständen, Erscheinungen, Prozessen sowie von Anschauungen, Einstellungen, Normen Gefühlen für das gesellschaftliche und individuelle Leben der Menschen und für den Fortschritt der Gesellschaft, für die Entfaltung der Fähigkeiten, Talente, Vermögen, d.h. der Wesenskräfte des Menschen."[203]

Der Wert wird meist eingeteilt in natürliche Existenzbedingungen des Menschen, ökonomische Werte (z.B. Produktionsmittel, Güter des Lebensunterhalts), sozialpolitische Werte (gesellschaftliche Verhältnisse, Entwicklungsmöglichkeiten der Menschen, Grad der gesellschaftlichen und individuellen Freiheiten), moralische Werte (menschliche Verhaltensweisen, Tugenden, Rechte und Pflichten, Auffassungen von Gut und Böse); ästhetische Werte (Schönheit, Erhabenheit, emotionale Wirksamkeit), wissenschaftliche Werte (Wahrheit, Folgerichtigkeit, theoretischer und praktischer Nutzen).[204]

Dieser Wertbegriff unterscheidet sich grundlegend vom dem der Religion, insbesondere der des Christentums.

---

[203] Kleines Wörterbuch der marxistisch-leninistischen Philosophie Berlin 1984 Seite 340.
[204] Vgl. ebenda S. 340 f.

Dazu gehören: Glauben an Gott und ein *besseres* Leben im Jenseits, Teufel, Wunder, Schöpfungsmär, Jungfernzeugung, Märchenbuch Bibel, Demut u.a.

Im Kleinen Bibellexikon gibt es den Begriff Wert nicht. Es wird z.B. im Zusammenhang mit der Weisheit verwendet. Den Wert der Weisheit, „die im Menschen wohnt wenn er sich ihr öffnet, und die ihn auf den Weg der Gerechtigkeit zu Gott führt; im Gericht Gottes offenbart sich dieser Wert…"[205]

Zu den gemeinsamen Werten, ich wähle hier den Begriff *Berührungspunkte* zwischen Staat und Kirche in der DDR gehörte, dass der Staat sich allen humanistischen Traditionen verpflichtet fühlte. Das war unabhängig von welcher sozialen oder weltanschaulichen Bindung ausgegangen wurde.

So wurden „Wirkungsstätten bekannter Persönlichkeiten der Kirchengeschichte, kulturhistorisch bedeutende Stätten und Traditionen mit beträchtlichen finanziellen Mitteln aus der Staatskasse erhalten, sachkundig und liebevoll gepflegt."

Beispielhaft sei der 500. Geburtstag Martin Luthers im Jahre 1983 genannt.[206] Auch der 450. Jahrestag der Reformation und das 900 jährige Bestehen der Wartburg im Jahre 1967, die Ehrungen für Albrecht Dürer (1971), Lucas Cranach (1972) und dem Gedenken an den 450. Jahrestages des Deutschen Bauernkrieges (1975) wurde in der DDR nicht nur von den Kirchen, sondern auch vom Staat vorbereitet und offiziell gewürdigt.

Der Staatsratsvorsitzende Honecker war z.B. Vorsitzender des Martin-Luther-Komitees der DDR.[207]

„Wie alle im Sozialismus eine Entwicklung durchgemacht haben, so auch die Kirche. Und sie hat vielfach bezeugt, dazu zu stehen. ,Kirche im Sozialismus' lautete zusamt der Auslegung: ,nicht gegen, nicht neben, sondern im Sozialismus.' Nicht neben' hieß: Wir sind nicht nur faktisch hier, als ob wir sonst nichts oder nur notgedrungen miteinander zu tun hatten . ,Nicht gegen' hieß: Der Staat ist nicht allein anerkannt als Obrigkeit, sondern auch akzeptiert mit seiner Grundlage. ,In diesem sozialistischen Staat', betonte noch zwei oder drei Tage nach der Abwahl Erich Honeckers der leitende Bischof bei dessen

---

[205] Kleines Bibellexikon. Vierte Auflage Berlin und Altenburg 1985. 295.
[206] Christen und Kirchen . Aus erster Hand. Berlin 1983 S. 46.
[207] Vgl. a.a.O. S. 15.

Nachfolger Egon Krenz. Am Sonntag darauf predigte er in seiner Bischofskirche das Gegenteil."[208]

Der Vizepräses, Lothar de Maizière, weist darauf hin, dass der Synode des Bundes der Evangelischen Kirchen der DDR und den acht ostdeutschen Landeskirchen nach dem Anschluss der DDR zu Unrecht vorgeworfen wurde, sie sei „Kirche im Sozialismus" gewesen. Der redliche Betrachter der DDR-Kirchengeschichte wüsste, dass die Formel unverkürzt hieß: „Wir wollen nicht sein `Kirche für den Sozialismus´, wir wollen nicht sein `Kirche gegen den Sozialismus´, sondern wir wollen sein `Kirche im Sozialismus´. Dieses Wort von der `Kirche im Sozialismus´ sollte zum Ausdruck bringen, dass wir den Ort, an den uns unser himmlischer Vater gestellt hatte, auch annehmen. Wir wollten die Situation akzeptieren und Christsein auch unter den gegebenen Umständen bezeugen. Dass *wir* in diesem Sinne nicht deutlich genug `gegen den Sozialismus´, nicht deutlich genug gegen das System waren, anders als vielleicht die katholische Kirche, muss man *vielleicht* historisch korrekt feststellen."[209]

Die hier gebrauchten Worte „Wir" und „Vielleicht" beziehen sich längst nicht auf alle evangelischen Christen der DDR und lassen einen weiten Interpretationsspielraum. Typisch nicht nur für Juristen.

Der in den 70er Jahren geprägte Begriff von einer „Kirche im Sozialismus" war und ist auch in der evangelischen Kirche bis zum Anschluss der DDR und danach sehr umstritten. Pietzsch[210] geht davon aus, dass es in den 50er und 60er Jahren um ein „Überwintern" der evangelischen Kirche „bis zum schnellen Ende der DDR" ging. „Als Bekenntnis zum SED-Staat wurde die Formel deshalb von den meisten, die sie verwendeten, nicht verstanden. Dennoch vollzog die Ev. Kirche in Teilen eine deutliche Hinwendung zum sozialistischen Staat. So erklärten die evangelischen Bischöfe auf einer Tagung im Kloster Lehnin am 15. Februar 1968: „Als Staatsbürger eines sozialistischen Landes sehen wir uns vor die Aufgabe gestellt, den Sozialismus als eine Gestalt gerechteren Zusammenlebens zu verwirklichen."

---

[208] Frielinghaus, Dieter Die Position von Christen zur DDR. (Kolloquium 60 Jahre Gründung der DDR). http://www.gbmev.de/archv/GBM_Kolloquium_Christen_in_derDDR.htm S. 2

[209] de Maizière, Lothar Ich will, dass meine Kinder nicht mehr lügen müssen. Meine Geschichte der deutschen Einheit. Freiburg im Breisgau 2010 Seite44.

[210] Pietzsch, Henning Evangelische „Kirche im Sozialismus" Christliche Botschaft versus ideologischer Gleichschaltung? Internet: Ohne Quelle, abgerufen am 7. April 2011.

Nebenbei bemerkt, die Zeitschrift „Kirche im Sozialismus" (Zeitschrift zu Entwicklungen in der DDR)[211]erschien bis 1987 in Westberlin im 13.Jahrgang und nannte sich später "Übergänge".

Innerhalb der evangelischen Kirche wurde immer wieder gefragt, ob sie sich mit dem dialektischen Materialismus genügend auseinander gesetzt habe. Häufig wurde diese Frage mit einer „anderen gekoppelt, welche Stellung sie gegenüber den kommunistischen Staaten einnehme… Gelegendlich schwing sogar die Besorgnis mit, evangelische Theologen könnten zum Kommunismus hin tendieren.

Die evangelische Kirche und die evangelische Theologie haben jedoch versucht, so objektiv wie nur möglich mit dem Phänomen Dialektischen Materialismus fertigzuwerden. Schon frühzeitig erkannte man, daß die Kirche einer Ideologie nicht mit einer Gegenideologie entgegentreten darf, auch nicht mit einer christlich gefärbten. Nur eine saubere wissenschaftliche Auseinandersetzung kann fruchtbar sein. Diese wurde von der sogenannten Marxismus-Kommission der Evangelischen Studiengemeinschaft geleistet. Die erzielten Ergebnisse wurden in mehreren Bänden veröffentlicht.

Einige Gliedkirchen der EKD leben unter einem kommunistischen Regime. Aus dieser Situation ergeben sich besondere Probleme, sowohl für die Kirchen dort wie auch für die gesamte EKD:"[212]

In diesem Zusammenhang sei beispielhaft genannt,, dass es zum Entwurf des Arbeitsgesetzbuches der DDR aus dem Jahre 1961 eine Stellungnahme des EKD gab.[213]

Ein Beleg dafür, dass sich die EKD in die Gesetzgebungsarbeit des Staates einbrachte, und bei dieser Gelegenheit ihre Position zur Länge von Erholungsurlaub für die Werktätigen in der DDR darlegte.

Die Aktivitäten, so möchte ich es einmal nennen, der evangelischen Kirche gegenüber dem Staat, der SED und einzelnen Funktionären müssen sehr differenziert beurteilt werden. Beispielhaft soll in diesem Zusammenhang das Verhalten des Pastoren Uwe Holmer genannt werden, der im Frühjahr 1990 den

---

[211] Wichern –Verlag GmbH Berlin

[212] Selbstorientierung der Kirche in kommunistischen Staaten und ihr Beitrag zu den dortigen gesellschaftlichen Problemen. In: Das Wort der Kirche zu politischen Tagesfragen. Eine Materialsammlung Herausgegeben im Auftrage des Militärbischof Bonn 1968 Seite 123 f.

[213] A. a. O. Seite 127 bis132.

obdachlos gewordenen ehemaligen Staatsratsvorsitzenden Erich Honecker, in seinem Pfarrhaus in Lobetal „Kirchenasyl" gewährte.

Egon Krenz[214] beschreibt seine „neuen Erfahrungen" mit einem Kirchenvertreter (dem Superintendenten von Berlin-Pankow, Pfarrer Werner Krätschel) am Heiligabend 1989 nach einem langen Gespräch, „der Geistliche und der Atheist… wohl wissend, daß niemand von uns seine Überzeugung aufgibt". Krenz verbindet seine Bedrücktheit während des Gespräches mit der Frage: Warum „konnten wir nicht früher so offen miteinander umgehen?"[215] Dieser Frage will ich versuchen, -zumindest fragmentarisch- im Folgenden nachzugehen.

Gerhard Bassarak[216] verweist in seiner Reflektion auf die Allchristliche Friedensversammlung in Prag am 3. Juli 1964 und sieht als Grund für den Antikommunismus der evangelischen Kirche die „gottlosen Bindungen der Kirche an Thron, Krone, Kapital, an die Klassengebundenheit der Kirche. Diese Bindungen führten zu einer Einengung der Wirkungsmacht des Evangeliums. Es erreichte nicht mehr alle Menschen. Wer ein `vaterlandsloser Geselle´ war, musste auch als gottlos gelten. Indem die Kirche sich über Gottlose und Gottlosigkeit erregte, handelte sie einer Weisung der Bergpredigt direkt zuwider: Wer aber sagt: du Tor (d.h. nach Psalm 14,1; 53,2: du Gottloser!) soll der Hölle mit ihrem Feuer verfallen sein. (Mat 5,22). Hier wendet sich das Evangelium - wie so oft - warnend gegen die Frommen und deren Überheblichkeit. Dennoch dient der Atheismus des Kommunismus immer wieder zur Begründung des Antikommunismus…"[217] Der Antikommunismus ist so alt wie die Theorie des Kommunismus, begründet von Marx und Engels. Mit der praktischen Umsetzung dieser Theorie, beginnend mit der Oktoberrevolution von 1917, der Entstehung eines Systems sozialistischer Staaten nach dem Zweiten Weltkrieg gewann er auch in Kirche zunehmend an Bedeutung. Bassarak sieht das folgerndermaßen: „Eine bedeutende Nahrung zog der Antikommunismus aus den Auseinandersetzungen zwischen der jungen Revolution in Russland und der ihre alten Privilegien zäh behauptenden und verteidigenden Kirche….Antikommunistische Predigt tröstet nicht, warnt nicht, baut nicht Gemeinde. Der Anfang ihrer Weisheit ist nicht die Furcht des Herrn,

---

[214] War von Oktober bis Dezember 1989 Generalsekretär des ZK der SED, Vorsitzender des Staatsrates und des Nationalen Verteidigungsrates der DDR.
[215] Krenz, Egon Herbst `89. Zweite Auflage Berlin 1999 Seite 359.
[216] Bassarak, Gerhard Mit dem Vorsprung einer historischen Epoche. Aufsätze und Vorträge zu Biblischer Theologie, Gesellschaft, Kirche, Ökumene und Sprache. Schkeuditz 2010
[217] A. a. O. Seite 111.

sondern der suggerierte Schrecken vor einem gemalten Terror. Statt die Aufgabe der Predigt zu erfüllen, den auferstandenen Gekreuzigten der Gemeinde vor die Augen zu malen, dessen Gegenwart alle Selbstgerechtigkeit, Überheblichkeit, Selbstrechtfertigung und Selbstgenügsamkeit der Frommen zerstört, verfällt sie dem Irrtum, der Gemeinde vorzutäuschen, sie sei besser als `die da draußen. Militante antikommunistische Predigt geht zum Kirchenfenster hinaus und betrügt die Gemeinde um den Zuspruch des Evangeliums"'[218]

Als Slogan antikommunistischer Propaganda in der Predigt bezeichnet Bassarek den urgermanischen, aber keineswegs biblischen Satz: „Lieber tot als rot" und macht auf eine Anfrage der Kirchlichen Bruderschaften vom März 1958 an die Synode der EKD aufmerksam in der es heißt: „Wir fordern alle, die mit Ernst Christen sein wollen, auf, sich der Mitwirkung an der Vorbereitung des Atomkrieges vorbehaltlos und unter allen Umständen zu versagen. Ein gegenteiliger Standpunkt oder Neutralität dieser Frage gegenüber ist christlich nicht vertretbar." Diese Formel war sehr umstritten. Ein Gegner schrieb: „Wer sich mehr fürchtet vor der Atombombe als vor der Ertötung der Seelen, hat bereits jeden christlichen Glaubensartikel verraten" [219]

Der protestantische Theologe Richard Schröder, von 1973 bis 1990 Pfarrer, Dozent für Philosophie in der evangelischen Kirche; 1988/89 tätig bei der „Ökumenischen Versammlung für Gerechtigkeit, Frieden und Bewahrung der Schöpfung" in der DDR; 1989/90; Mitglied der Arbeitsgruppe „Neue Verfassung der DDR des Zentralen Runden Tisches; von 1989 bis 2001 Mitglied der SDP/SPD (Abgeordneter der Volkskammer und Fraktionsvorsitzender, 3. Oktober 1990 bis 18.Dezember 1990 Abgeordneter des Bundestages)[220] hat in seinem Buch „Abschaffung der Religion?"[221] sehr klar und unmissverständlich den Atheismus im sozialistischen Staat der DDR und der Gesellschaft sowie das Verhältnis Staat/Kirche mit den unsinnigsten Behauptungen zu beweisen versucht. Und mit dem „Geständnis" abgerundet, dass er „am Untergang der kommunistischen Diktatur mitgewirkt" hat.[222]

---

[218] A.a.O. Seite 113 f.
[219] Vgl. a.a.O. Seite 115..
[220] Vgl: Richard Schröder (Theologe) Wikipedia. Die Angaben zum Runden Tisch siehe: „ Verfassungsentwurf für die DDR" Staatsverlag der DDR 1990 Seite 77.
[221] Richard Schröder Abschaffung der Religion? Wissenschaftlicher Fanatismus und die Folgen, Freiburg/Basel/Wien 3. Auflage 2010
[222] Ebender Seite 84.

Eine andere Thematik: Sehr häufig wird behauptet, die SED hätte auch in der Kirchenpolitik die Sowjetunion kopiert bzw. die sowjetischen Führungen hätten Anweisungen erteilt, wie mit den Kirchen in der DDR zu verfahren sei. Am Beispiel Leninscher Aussagen vor und nach der Oktoberrevolution sollen wesentliche Unterschiede deutlich gemacht werden.

7.   Exkurs: Die Politik und Praxis des jungen Sowjetstaates gegenüber der Kirche und ihre vermutliche Umsetzung in der SBZ/DDR

Lenin hat bereits im Jahre 1905 in einem Zeitungsbeitrag darauf hingewiesen, dass es jedem Menschen vollkommen Freistehen muß „sich zu jeder beliebigen Religion zu bekennen oder gar keine Religion anzuerkennen, d.h. Atheist zu sein… Alle rechtlichen Unterschiede zwischen den Staatsbürgern je nach ihrem religiösen Bekenntnis sind absolut unzulässig. Selbst die Erwähnung der Konfession der Staatsbürger in amtlichen Dokumenten muß unbedingt aus-gemerzt werden. Es darf keine Zuwendungen von Staatsmitteln an eine Staatskirche, keine Zuwendungen von Staatsmitteln an kirchliche und religiöse Gemeinschaften geben…Nur die restlose Erfüllung dieser Forderungen kann Schluß machen mit jener schmählichen und verfluchten Vergangenheit, da die Kirche in leibeigener Abhängigkeit vom Staat war und die russischen Bürger in leibeigner Abhängigkeit von der Staatskirche waren…die darin bestanden, mittelalterliche, inquisitorische Gesetze anzuwenden, Glauben oder Unglauben zu verfolgen. Es geht um die „vollständige Trennung der Kirche vom Staat…"[223]

An anderer Stelle betont er die Differenzierung zwischen den „ehrlichen und aufrichtigen Geistlichen" und jenen Geistlichen die „immer noch an den Staatspöstchen und Staatspfründen" kleben und denen „die klassenbewußten Arbeiter ganz Rußlands den schonungslosen Krieg" erklären müssen.[224]

Roßberg/Richter , absolute Kenner des Verhältnisses der DDR (Staatsmacht) zur Institution Kirche wählen aus dem Artikel Lenins jene Passage aus, die dem *Mitglied der Partei der Arbeiterklasse* helfen sollten, ihre Position zum *religiösen Glauben* zu bestimmen. Daraus wird die für mich streitbare Schlussfolgerung gezogen, dass damit „der Kampf gegen das Christentum zu

---

[223] Lenin, W.I Sozialismus und Religion „Nowaja Shisn" 3. 12. 1905 In: Lenin Werke Band 10 Berlin 1967 S. 71 f.
[224] A. a. O. Seite 72.

einem Bestandteil des weltanschaulich-ideologischen Klassenkampfes der kommunistischen Parteien" begründet wurde.[225]

Brenner[226] zitiert wieder eine andere Passage aus dem gleichen Artikel die lautet: „Denjenigen, der sein Leben lang gearbeitet und Not leidet, lehrt die Religion Demut und Langmut hienieden und vertröstet ihn mit der Hoffnung auf himmlischen Lohn. Diejenigen aber, die von fremder Arbeit leben, lehrt die Religion Wohltätigkeit hienieden, womit sie ihnen eine recht billige Rechtfertigung ihres ganzen Ausbeuterdaseins an bietet und Eintrittskarten für die himmlische Seligkeit zu erschwinglichen Preisen verkauft."[227]

Die Auswahl des Inhalts dieser Lenin-Zitate aus dem gleichen Artikel belegt, wie unterschiedlich die Herangehensweise und schwer es ist, Prämissen und Schwerpunkte zu setzen. Das gilt in besonderem Maße für das Verhältnis von Staat und Kirche.

Brenner läßt dann Lenin zu Wort kommen und bezeichnet folgenden Satz als den entscheidenden, die radikale Kritik an der Religion betreffend: „Die Einheit dieses wirklich revolutionären Kampfes der unterdrücken Klasse für ein Paradies auf Erden ist uns wichtiger als die Einheit der Meinungen der Proletarier über das Paradies im Himmel."[228]

Aus der Formulierung Brenners leite ich ab, dass in seinem Beitrag in den Marxistischen Blättern nicht der rechte Platz für eine Prüfung sei, inwieweit dieser Leninsche „Grundsatz sich später in der Politik des Sowjetstaates wirklich realisiert hat", dass auch er eine Kluft zwischen der Theorie Lenins aus dem Jahre 1905 und der Praxis des Sowjetstaates sieht.[229] Immerhin liegen mindestens zwei Jahrzehnte dazwischen

Faszinierend ist, dass an den Leninschen Zitaten erkennbar ist, wie immer wieder eine neue Anwendung möglich bleibt, wie vielseitig Lenin gedacht und es niedergeschrieben hat. Das gilt hier insbesondere in der Auseinandersetzung um die Religion, um die Beseitigung der ökonomischen Sklaverei, die Lenin als wahre Quelle der religiösen Verdummung der Menschheit" charakterisiert.[230]

---

[225] Roßberg, K. /Richter, P. Das Kreuz mit dem Kreuz. Ein Leben zwischen Staatssicherheit und Kirche. Berlin 1996 S. 16.

[226] Brenner, Hans-Peter Zur Aktualität marxistisch-leninistischer Religions- und Kapitalismuskritik. Der Beitrag Lenins. In: Marxistische Blätter 5-10 Seite 43 bis 51.

[227] A. a. O. Seite 47.

[228] Lenin a.a.O. Seite 74.

[229] Brenner ebenda.

[230] Lenin a. a. O. Seite 75.

In einer Broschüre „Kirche und Sozialismus" ebenfalls aus dem Jahre 1905 formuliert Rosa Luxemburg: Einen „der schwersten Vorwürfe, den die Geistlichkeit den Sozialdemokraten macht, ist der, daß sie den `Kommunismus´ einführen wollen, das heißt gemeinsames Eigentum aller irdischen Güter. Es wird hier vor allem interessant sein festzustellen, daß die heutigen Priester, wenn sie gegen den `Kommunismus´ wettern, eigentlich gegen den ersten Apostel der Christenheit wettern. Denn gerade sie waren die leidenschaftlichsten Kommunisten."[231] Sie trifft sehr differenzierte Feststellungen, wenn es darum geht, die Geistlichkeit, die die Interessen der Reichen und Mächtigen vertritt von denen zu unterscheiden, die voller Güte und Mitleid sich den Armen widmen.[232]

Unter Ignoranz der Verbrechen der Großkirchen; ihrer Kollaboration mit dem Nazifaschismus; ihrer Haltung in der Neuzeit zur sogenannten humanitären Intervention; dem nicht endendem Geschrei über die Wahrung der Menschenrechte und ihre Verletzung in den Diktaturen werden Verbrechen des „Kommunismus" in eine Öffentlichkeit gezerrt, die bei den Menschen Angst und Schrecken hervorrufen und sie daran hindern sollen, im Sozialismus/Kommunismus *eine* gesellschaftliche Perspektive für die Zukunft der Menschheit zu erkennen.

Ruge erwähnt die Gerichtsprozesse in der jungen Sowjetrepublik gegen Andersdenkende, die schon 1918 vermehrt seit 1920 gegen die einflussreichste, wenn nicht politischen, so doch ideologischen Gegner der Bolschewiki, die orthodoxe Kirche, sowohl mit Drangsalierungen und Verfolgungen der niederen Geistlichkeit als auch mit Prozessen gegen hohe kirchliche Würdenträger" durchgeführt wurden.[233]
Ausgehend von einem Beschluss des Politbüros der KPR(B) vom 23. Februar 1922 im Kampf gegen die Hungernot, auch Kirchenschätze zu beschlagnahmen und jene Gläubigen und widerspenstige Popen aufzuspüren und sie in der Öffentlichkeit als Saboteure der Hungerhilfe darzustellen, belegt Ruge am

---

[231] Luxemburg, Rosa „ Kirche im Sozialismus". Veröffentlicht in. Standpunkte 4/2005, herausgegeben von der Rosa- Luxemburg-Stiftung , Seite 2. In der Apostelgeschichte (IV. 32, 34,35) heißt es: „Keiner sage von seinen Gütern, daß sie sein wären, sondern es war ihnen alles gemein. Es war auch keiner unter ihnen, der Mangel hatte; denn wieviel ihrer waren , die da Acker oder Häuser hatten, die verkauften sie und brachten das Geld des verkauften Guts und legten es zu der Apostel Füßen; und man gab einem jeglichem, was ihm not war."
[232] Luxemburg vgl. ebenda.
[233] Ruge, Wolfgang Lenin Vorgänger Stalins Berlin 2010 S. 150.

Beispiel der Kleinstadt Schuja an der oberen Wolga[234], welche juristischen Konsequenzen sich daraus ergaben: Während eines in Moskau inszenierten Prozesses gegen hohe Würdenträger der Kirche wurden „nur" 11 Personen zu Tode verurteilt, 30 Angeklagte erhielten Haftstrafen und 10 wurden freigesprochen. „Für die Atmosphäre bei diesen Verfahren ist charakteristisch, dass bei einem parallelen Prozess in Petrograd gegen 86 Priester und Laien drei Entlastungszeugen verhaftet wurden, worauf sich keine weiteren Zeugen mehr meldeten. In Petrograd ergingen zwar relativ milde Urteile, doch wurden die Hauptangeklagten kurze Zeit später heimlich erschossen."[235]

An anderer Stelle . zitiert Ruge aus einem Brief Lenins von Anfang August 1918 an die Sicherheitskräfte in Pensa indem es hieß, dass es darauf ankomme, „schonungslosen Massenterror gegen die Kulaken, *Popen*, Weißgardisten an (zu)wenden; *verdächtige Personen* in ein Konzentrationslager außerhalb der Stadt ein(zu)sperren, und nicht nur Aufständische oder Verschwörer, sondern auch Schwankende zu erschießen, *ohne irgendjemanden zu fragen oder ein idiotisches Herumgezerre zuzulassen.*"[236]

Auf dem IX. Gesamtrussischen Sowjetkongreß (23.-28. Dezember 1921) lobte Lenin ausdrücklich die Tätigkeit der Tscheka, die „sich darauf verstand, nicht lange zu überreden, sondern unverzüglich (sicherlich besser: Sofort- K.E.) zu strafen." [237] Gleichzeitig machte er darauf aufmerksam „die Gesamtrussische Tscheka einer Reform zu unterziehen, ihre Funktionen und Kompetenzen festzulegen und ihre Arbeit auf politische Aufgaben zu beschränken."[238]

Obwohl nur Menschewiki, Sozialrevolutionäre und die „Herren aus der zweieinhalbten Internationale" wie Kautsky genannt, aber bestimmt auch geistliche Würdenträger und *Popen* gemeint, erklärte Lenin auf dem XI. Parteitag der KPR(B)(27. März- 2. April 1922) , dass diese Personen sich nicht wundern brauchen, wenn sie erschossen werden.[239]

Wolkogonow[240], ehemaliger Generaldirektor der russischen Archive, zitiert einen Brief Lenins vom 19. März 1922 an den Sekretär des ZK Molotow, mit

---

[234] Vgl. a.a.O. S. 246 bis 249

[235] A a. O. S. 249.

[236] A. a. O. S. 241. Vgl. auch: Telegramm an J.B. Bosch vom 09. August 1918 in: Lenin Werke Band 36 Berlin 1964 Seite 479. Hervorhebungen K.E.

[237] Lenin Werke Band 33 Berlin 1966 S. 160.

[238] A. a. O. S.161

[239] Vgl. Lenin Werke Band 33 Berlin 1966 S. 268 f.

[240] Wolkogonow, Dimitri Lenin Utopie und Terror, Düsseldorf/Wien/New York/ Moskau 1994.

der größtmöglichen Geheinhaltungsstufe versehen. Im sechsseitigen Brief heißt es: „Gerade jetzt bietet sich uns die einmalige Gelegenheit, dem Feind endgültig das Genick zu brechen und unsere Position auf Jahrzehnte hinaus zu festigen. Gerade jetzt - und nur jetzt – zu einem Zeitpunkt , da es in den Hungergebieten zu Kannibalismus kommt und die Straßen von Hunderten, wenn nicht Tausenden von Leichen gesäumt sind, können und müssen wir die Beschlagnahme des Kirchenschatzes mit erbarmungsloser Härte durchführen. Auf diese Weise können wir uns einen Fonds von einigen Hundert Millionen Goldrubeln sichern (denken Sie nur an die gewaltigen Reichtümer einiger Klöster und Lawren). Ohne diesen Fonds können wir weder unseren Staat noch unsere Wirtschaft aufbauen- von der Verteidigung unserer Position auf der Konferenz von Genua* ganz zu schweigen. Wir müssen diesen Fonds von einigen Hundert Millionen (vielleicht sind es sogar einige Milliarden) in unseren Besitz bringen, koste es, was es wolle. (Archiv für neuere Geschichte)

An anderer Stelle stellt Wolkogonow fest, dass der Untergang der Kirche in der Sowjetunion nicht *allein* Schuld Lenins und der Bolschewiki waren: „Das Schicksal der russischen Orthodoxie war stets eng mit der zaristischen Selbstherrschaft verknüpft. Mit dem Zusammenbruch der Monarchie geriet auch die Kirche in eine schwere Krise, von der sie sich nie mehr erholen sollte. Wäre die Geistlichkeit damals selbständig und unabhängig gewesen, hätte Russland vermutlich eher einen kapitalistischen Entwicklungsweg eingeschlagen, und liberal-demokratisches Gedankengut wäre in der kritischen Phase des Jahres 1917 auf fruchtbaren Boden gefallen." Damit konstatierte Wolkogonow lediglich eine historische Tatsache, ohne der Orthodoxie „Vorwürfe zu machen, um so mehr, da sie ihrem Wesen nach humanistisch ausgerichtet war. Niemals ist es im Verlauf ihrer Geschichte zu Inquisition, Hexenverbrennungen oder Kreuzzügen gekommen, und Gewalt wurde von ihr stets verurteilt.

Der rasche Zerfall der Kirche führte zu einem riesigen geistigen Vakuum, das bald von den vulgärmaterialistischen Dogmen der Bolschewiki gefüllt wurde. Der Atheismus bildete den Kern der neuen sowjetischen Religion. Der Bolschewismus zerstörte mit seiner Propaganda des Klassenhasses den Glauben

---

*). Die Weltwirtschaftskonferenz fand in der Zeit vom 10. April bis zum 19. Mai 1922 in Genua statt. Es war die erste große internationale Konferenz, an der Sowjetrussland teilnahm. Der Leiter der RSFSR-Delegation, G.W. Tschitscherin, legte in einer Rede die Grundsätze sowjetischer Außenpolitik, der friedlichen Koexistenz dar. Vgl. Handbuch der Verträge. Berlin 1968 . 225 ff.

der Menschen an die ewigen Werte, die der russischen Kirche heilig waren. Lenin spielte in dieser Tragödie die Rolle des Antichristen des 20. Jahrhunderts."[241]

Ob der Terminus des *Klassenhasses* in Auseinandersetzung mit der Religion der richtige Ansatz ist, soll nicht näher untersucht werden. Ob Lenin das Prädikat eines Antichristen des 20. Jahrhunderts *verdient,* bleibt unbeachtet.

Aber das Nitzsche bereits am 30. September 1888 (zwölf Jahre vor Beginn des 20. Jahrhundert) in seinem „Gesetz wider das Christentum" im *ersten Satz* schrieb: „Todkrieg gegen das Laster: das Laster ist das Christentum. ...Lasterhaft ist jede Art Widernatur. Die lasterhafteste Art Mensch ist der Priester: er lehrt die Widernatur. Gegen den Priester hat man nicht Gründe, man hat das Zuchthaus"[242] soll beim Leser im Hinterkopf bleiben.

Diese Beispiele belegen, dass die von Lenin im Jahre 1905 entwickelte Theorie von der Nichtverfolgung vom Glauben in der Praxis, im Gefolge der Oktoberrevolution, nicht verwirklicht (werden konnte) wurde. Eine strikte Trennung von Staat und Kirche war nicht mehr notwendig, weil der *partnerschaftliche Gegner*, die Kirche, offensichtlich ins Bedeutungslose versunken war.

Daraus ergab sich meines Erachtens für die Führung des DDR-Staates, eigene Wege zur Trennung Kirche/Staat und der Auseinandersetzung mit Kirche und Religion zu finden, da in der Sowjetunion nichts Vergleichbares existierte.

Roßberg/Richter schätzen das Verhältnis der Führung der SED und ihrer meisten Funktionäre zum Christentum und seinen Kirchen im gesamten Zeitraum der Existenz der DDR als grundsätzlich für falsch ein, weil dieses Verhältnis vor allem als Sicherheitsproblem betrachtet wurde.
Das führte dazu, das die „Auseinandersetzung mit diesem `Fremdkörper´ in der sozialistischen Gesellschaft weitgehend dem Ministerium für Staatssicherheit übertragen" wurde.[243]
Betrachtet man unter diesem Gesichtspunkt die zweibändige Monographie „Sicherheit"[244], wird deutlich, dass vor allem die evangelische Kirche in der

---

[241] A. a. O. Seite. 403 f.
[242] Nitzsche, Friedrich Der Antichrist. Versuch einer Kritik des Christentums. 2.Auflage Hamburg 2009 S.141.
[243] Roßberg/Richter a.a.O. S. 25.
[244] Die Sicherheit. Zur Abwehrarbeit des MfS. Berlin 2002.

DDR es war, die ab Mitte der 80er Jahre des vorherigen Jahrhunderts, die inneren oppositionellen Gruppierungen/Zusammenschlüsse, die sich mit Themen wie Menschenrechte, Frieden, Umwelt befassten, ein Dach gewährte.[245] Da kann nur gefragt werden, na und?

Das die SED-Führung *vor allem* auf die Betrachtung des Verhältnisses Staat/Kirche als Sicherheitsproblem reduziert wird, halte ich nicht für richtig und korrekt.

Für viel bedeutsamer halte ich den *Glauben der Marxisten* (also nicht nur der SED-Führung) daran, dass sie in jeder Hinsicht über die einzig wissenschaftliche Weltanschauung verfügten, die sich darin ausdrückte, die führende Rolle der Arbeiterklasse und ihrer marxistische-leninistischen Partei[246] überall (also auch das Verhältnis Staat/Kirche betreffend) und zu jedem Zeitpunkt umzusetzen. Diese Feststellung bezieht sich selbstverständlich nicht auf die die Beantwortung der Grundfrage der Philosophie: Was ist das Primäre, die Materie oder das Bewußtsein!

Wendelborn bezeichnet es als einen Grundfehler der Marxisten, dass sie nicht bereit waren von der „nüchternen christlichen Anthropologie zu lernen…Anthropologische Defizite führten aber auch neben einem übertriebenen Sicherheitsstreben dazu, daß die sozialistische Demokratie nicht ernst genug genommen und deshalb nicht systematisch weiterentwickelt wurde."[247] Die Umsetzung der Losung des „Sozialismus mit dem menschlichen Antlitz", gehört m.E. dazu.

Als Erbe des Christentums sollte auch für Sozialisten bleiben: „Die in Gestalt Jesu gesetzte Vorstellung von der Einzigartigkeit des menschlichen Individuums und seines unhintergehbaren Geltungsanspruchs".[248] An anderer Stelle wird ausgeführt, dass es zu den wichtigsten Erkenntnissen gehört, „dass marxistische Atheisten gut daran täten, auch die religionstheoretische Diskussion unter Linken, an der Befreiungstheologie- und an Marx- orientierten Christen ernster zu nehmen und genauer zu verfolgen. Wissend, dass sie wie wir- angesichts des grassierenden, politischen verhängnisvollen religiös begründeten Fundamentalismus – als Stimmen der Vernunft in der Minderheit sind."[249]

---

[245]Vgl. Grimmer, Reinhard / Irmler, Werner Hauptaufgaben und Methoden der Abwehr. A. a. O. Band 1, S. 246.
[246] Art. 1 der Verfassung der DDR von 1968.
[247]Wendelborn, a. a. O. Seite 71.
[248] Seppmann, Werner. „ Religion als Utopie" Falsche Götter Religionskritik als Kapitalismuskritik In: Marxistische Blätter 5-10, S. 34.
[249] Falsche Götter. Religionskritik als Kapitalismuskritik. In: Marxistische Blätter5-10, Seite28.

In der Kritik zur Hegelschen Rechtsphilosophie hat Marx als Fundament aller Religionskritik festgestellt:

„Der *Mensch macht die Religion*, die Religion macht nicht den Menschen. Und zwar ist die Religion das Selbstbewußtsein und das Selbstgefühl des Menschen, der sich selbst entweder noch nicht erworben oder schon wieder verloren hat. Aber *der Mensch*, ist die *Welt des Menschen*, Staat, Sozietät. Dieser Staat, diese Sozietät produzieren die Religion, ein verkehrtes *Weltbewußtsein*, weil sie eine *verkehrte Welt* sind. Die Religion ist die allgemeine Theorie dieser Welt, ihre enzyklopädisches Kompendium, ihre Logik in populärer Form, ihr spiritualistischer Point-d` honneur (Ehrenpunkt), ihr Enthusiasmus, ihre moralische Sanktion, ihre feierliche Ergänzung, ihr allgemeiner Trost- und Rechtfertigungsgrund. Sie ist die *phantastische Verwirklichung* des *menschlichen* Wesens, weil das menschliche Wesen keine wahre Wirklichkeit besitzt. Der Kampf gegen die Religion ist also mittelbar der Kampf gegen *jene Welt*, deren geistiges Aroma die Religion ist.

Das *religiöse* Elend ist in einem der *Ausdruck* des wirklichen Elendes und in einem die *Protestation* gegen das wirkliche Elend. Die Religion ist der Seufzer der bedrängten Kreatur, das Gemüt einer herzlosen Welt, wie sie der Geist geistloser Zustände ist. Sie ist das *Opium* des Volks.

Die Aufhebung der Religion als des *illusorischen* Glücks des Volkes ist die Forderung eines *wirklichen* Glücks. Die Forderung, die Illusionen über seinen Zustand aufzugeben, ist die *Forderung, einen Zustand aufzugeben*, der der *Illusionen* bedarf. Die Kritik der Religion" so schließt Karl Marx „ist also im Keim die *Kritik des Jammertales*, dessen *Heiligenschein* die Religion ist"[250] Zweifellos geht Marx von der Religion als Herrschaftsinstrument, Herrschaftsmittel aus. Deshalb wird jede Religionskritik zur Kritik an der kapitalistischen Gesellschaft.

Heinrich Heine erklärte das mit seinen Versen im „Wintermärchen" (Kaput I)

„ Ein neues Lied, ein besseres Lied,
O Freunde, will ich euch dichten!
Wir wollen hier auf Erden schon
das Himmelreich errichten.

…

Wir wollen auf Erden glücklich sein
Und wollen nicht mehr darben;

---

[250] Marx, Karl Zur Kritik der Hegelschen Rechtsphilosophie. MEW Band 1 Berlin 1956, S. 378 f.

Verschlemmen soll nicht der faule Bauch,
Was fleißige Hände erwarben.

Ja, Zuckererbsen für jedermann,
Sobald die Schoten platzen!
Den Himmel überlassen wir
den Engeln und den Spatzen."

Ob und wie die Forderungen Lenins aus dem Jahre 1905, vor allem die vollständige und konsequente Trennung von Kirche und Staat betreffend und die Freiheit sich zu einer Religion zu bekennen oder das nicht zu tun, im folgenden Jahrhundert verwirklicht wurden, soll und kann im Folgenden nur etwas umrissen werden.

Im Eckpunkteprogramm des Gründungsdokumentes der Partei DIE LINKE heißt es: „Ausgehend von der Verpflichtung des Staates zur weltanschaulichen und religiösen Neutralität treten wir für eine konsequente Trennung von Staat und Kirche/Religion ein. Wir bekennen uns zur verfasssungsmäßig garantierten Religions- Bekenntnis- und Gewissensfreiheit als Grundsäule der Demokratie und Aufklärung und lehnen gewaltsame Missionierung, staatlich verordnete Indoktrination und gesetzlich privilegierte Sonderstellungen von Kirchen und Religionsgemeinschaften ab. Das religiöse und weltanschauliche Bekenntnis ist ein Recht und die Freiheit des Individuums, Teil des intimen Privatbereichs jedes Menschen."[251] Im Programm der Partei DIE LINKE vom Oktober 2011[252] im Umfang von 52 Seiten existiert eine derartige oder ähnliche Text-Passage nicht mehr. Selbst Begriffe, die im Gründungsdokument verwandt wurden, fehlen.

Auch für die Geschichte der Kirchen und ihrer Beziehungen zum Staat in der DDR gilt, dass die Reduzierung lediglich auf einen bestimmten Zeitraum oder z.B. auf einzelne Aspekte wie z.B. „Reisefreiheit", „Schutz unter dem Dach der Kirchen" der „Sicherheit" wenig aussagefähig und realistisch ist.

Die Kirchen sind in ihrer Gesamtheit dem sozialen Gehalt des Christentums nicht gerecht geworden. Das liegt vor allem darin begründet, dass sie es weitgehend unterließen, ihre geistlichen Funktionen vom weltlichen Alltag herauszuhalten. Die Gläubigen haben massenhaft dem Christentum den Rücken

---

[251] Beschluss der Parteitage von WASG und Linkspartei/PDS vom 24. und 25. März 2007 in Dortmund Ziffer 6.
[252] Programm der Partei DIE LINKE. Beschluss der 2. Tagung des 2. Parteitages der Partei DIE LINKER am 21. bis 23.Oktober 2011, Erfurt.

zugekehrt, ihre Kirche verlassen und damit auch offenbar dem Atheismus zu mehr Einfluss verholfen.

Das Grundgesetz für die BRD, einschließlich der zu ihren Bestandteilen erklärten Artikel der Reichsverfassung von 1919 (WRV 1919), kennt nur den Begriff „Religionsgesellschaften".

Der Begriff „Kirche" kommt nur in Verbindung mit dem Wort „Staatskirche" entsprechend Artikel 137 Absatz 1 RV 1919 vor und lautet: „Es besteht keine Staatskirche".

Wie im deutschen Sprachgebrauch üblich, benutze ich trotzdem den Begriff Kirche und verstehe darunter die beiden christlichen Großkirchen.

Die grundgesetzlich verankerte Trennung von Staat und Kirche ist nicht mit Kirchen- oder Religionsfeindlichkeit oder wie es häufig geschieht, mit Gläubigkeit/Ungläubigkeit von Menschen zu identifizieren.

Das Bundesverfassungsgericht legt das Grundgesetz für die BRD "dem Staat als Heimstatt aller Bürger ohne Ansehen der Person weltanschaulich-religiöse Neutralität auf. Es verwehrt die Einführung staatskirchlicher Rechtsformen und untersagt auch die Privilegierung bestimmter Bekenntnisse."[253]

Oertel formuliert die Frage, ob es möglich ist, wenn unter uns „unchristliche Christen und christliche Nichtchristen" leben, die Evolutionstheorie mit dem Schöpfungsglauben tolerierend zu verbinden?[254] Fakt bleibt, dass die Religion mehr ist als Opium fürs Volk und Protestdach des Volkes. Sie gehört zur gesellschaftlichen Basis.[255] Zur gesellschaftlichen Realität gehört, dass unter dem Stichwort wie Säkularisierung auch die Religion „als funktionales Subsystem dieser Gesellschaft" gehört. Viele heutige Menschen neigen zur „Flucht in die Sicherheit alter und neuer Formen von Religiosität… Auffallend dabei ist, dass sowohl die traditionellen Formen der Religion wie auch die Modereligionen der Esoterik und des New Age, wie auch ein militant auftretender Islam" zu nennen ist[256]
Im Gegensatz dazu stehend macht Czermak darauf aufmerksam, dass als Ergebnis mehrerer „repräsentativer" Umfragen die Religion im Alltagsleben bei

---

[253] BverfGE 19, 206/216, Urteil vom 14.12.1965.
[254] Vgl. Oertel, H.F. Gott sei Dank 6. Auflage Berlin 2007 Seite 139.
[255] Vgl. Füssel, Kuno: In: Marxistische Blätter 5-10, S. 36 ff.
[256] Ebenda.

der großen Mehrheit der Bundesdeutschen ohne Bedeutung ist.

8. Atheismus

Unter Atheismus verstehe ich die weltanschauliche Grundauffassung, dass es keinen Gott gibt.

Derjenige wird als Atheist bezeichnet, der ausdrücklich verneint, an Gott oder Götter zu glauben. Zahlreiche Aspekte des Atheismus finden auch in heutiger Zeit Befürworter und Gegner. Dazu gehören demographische Merkmale, politische Wechselwirkungen, die Rolle der Wissenschaft und Forschung, Einflüsse ethisch-moralischer Art, die geschichtliche Entwicklung in verschiedenen Teilen der Erde und der Einfluss der verschiedensten Ideologien in den verschiedensten Zeitabschnitten.

Der Gottgläubige, der Theist, hat es nach Lutz von Werder leichter: Er kann mit Gott alles beweisen: Den Ursprung und das Ende der Welt; das Gute und das Böse; die Evolution und auch die Kriege. Der Theist ist Teil des größten *Sinneskonzerns der Welt*. Ob Medien, Universitäten, christliche Parteien über eine Million Kirchengebäude und Moscheen gehören zu seinem Eigentum bzw. Besitz. Kurz: Die theistischen Weltreligionen sind eine Weltmacht, deshalb erscheint die Existenz des Atheismus ihm wie ein Wunder.[259]

Ich will mich im Wesentlichen auf die Rolle des Atheismus und der christlichen Kirchen bzw. der Religion in der Sowjetischen Besatzungszone, der späteren DDR, konzentrieren. Das kann nicht erfolgen, ohne eine kritische Betrachtung dieses Komplexes auch in der alten BRD und dem Geschehen nach Anschluss der DDR an die BRD (auch als Beitritt der DDR zum Grundgesetz für die BRD bezeichnet).

Solche grundlegenden wissenschaftlichen Werke von DDR-Wissenschaftlern wie z.B. die „Geschichte der Aufklärung und des Atheismus"[260], die auf Grundlage umfangreichen Quellenmaterials die Ideen und Lehren von Persönlichkeiten der Französischen Revolution von 1789 erarbeitet hat, oder den sogenannten Dissidenten,[261] müssen unberücksichtigt bleiben.

Die strikte Trennung von Staat und Kirche von Schule und Religion war ein Problem, das Agnostiker, Atheisten, Buddhisten, Darwinisten, Deutschgläubige,

---

[257] Czermak, Gerhard: Religion und Weltanschauung in Gesellschaft und Recht. Ein Lexikon für Praxis und Wissenschaft. Aschaffenburg 2009 S. 7
[259] Vgl. von Werder, L. Das Wunder des Atheismus. Uckerland 2008 Seite 7
[260] Ley, [261] Groschopp, H. Dissidenten Freidenkerei und Kultur in Deutschland. Berlin 1997.
[261] Groschopp, H. Dissidenten Freidenkerei und Kultur in Deutschland. Berlin 1997.

Deutschkatholiken, Ethiker, Freidenken, Freimaurer, Freireligiöse, Gottgläubige, Heiden, Humanisten, Konfessionsfreie, Lichtfreunde, Marxisten, Monisten usw. in den vergangenen Jahrhunderten beschäftigte.

Die Trennung von Kirche und Staat ist keine Erfindung der DDR-Politik. In der DDR wurde diese Trennung verwirklicht. Es wäre z.B. anläßlich eines staatlichen Feiertags oder Gedenktages unmöglich gewesen, diesen mit einem ökumenischen Gottesdienst (im Parlament) zu eröffnen, wie es zur üblichen Gepflogenheit in der „religions- neutralen" BRD gehört.[262]

Obwohl von der offiziellen Politik der BRD seit 22 Jahren beharrlich geleugnet, existiert seit dem 03. Oktober 1990, ein *neues* Deutschland, das in Erfüllung des Auftrages des Grundgesetzes Artikel 146 einer Gesamtdeutschen Verfassung bedurft hätte. Dieser Artikel bestimmt ausdrücklich, dass das GG seine Gültigkeit dann verliert, wenn „eine Verfassung in Kraft tritt, die von dem deutschen Volke in freier Entscheidung beschlossen worden ist." Solange dieser Artikel des GG nicht verwirklicht ist, handelt es beim Beitritt der DDR zum Grundgesetz für die BRD um einen Anschluss der DDR.[263]

Als eine besonders *gehässige* Art, den Atheismus in der DDR abzuwerten gilt die These vom *ostdeutschen Atheismus* als einer *dritten Konfession*. Der Atheismus in der DDR soll damit auf dreifache Weise abgewertet werden: Er ist kulturlos weil gottlos; lediglich regional begrenzt, weil hauptsächlich ostdeutsch; historisch marginal, weil letztlich Produkt der DDR. Es werden Begriffe wie *atheistische Gläubigkeit*, *Gewohnheitsatheismus*, *Gottvergessenheit*, *Milieu des atheistischen Ressentiments*, *eigentümlich verwahrlosten Gestalt des Atheismus* erfunden, um das „*Phänomen des Unglaubens*" in der DDR zu begründen.[264]

„...Jede Gesellschaft bringt eigene Säkularismen hervor". Deutschland sei dabei so etwas wie ein historisches Experiment, sauber getrennt nach Ost und West. „In der ehemaligen DDR hat sich über 20 Jahre nach der Wiedervereinigung ein

---

[262] Ich denke an den 20. Jahrestag des Inkrafttretens des Einigungsvertrages am 03. Oktober 2010 in Bremen.

[263] Vgl. Emmerich, Klaus: In guter Verfassung? Warum das Grundgesetz auf den Prüfstand gehört. Edition ost Berlin 2010 S. 189 bis 213.

[264] Vgl. Groschopp, Horst Ostdeutscher Atheismus- die dritte Konfession? Forschungsgruppe Weltanschauungen. in Deutschland. Textarchiv TA 2003-1. unter Hinweis auf die Theologen Neubert und Krötke.

volkstümlicher Atheismus der dritten Generation herausgebildet... (als) Leitkultur. Rund 67 Prozent der Ostdeutschen sind konfessionslos, im Westen liegt der Anteil hingegen bei 18 Prozent. Eine Trendwende ist nicht in Sicht...Mit dem Wegfall der antikirchlichen Repression durch das DDR-Regime fand keine Rechristianisierung statt, im Gegenteil: `Nach der Wende haben sich die Kirchenaustritte im Osten sogar noch beschleunigt`, berichtet der Religionssoziologe Detlef Pollack von der Uni Münster. Ausgerechnet die Nähe von Staat und Kirche habe zur Entkirchlichung im Osten beigetragen, sagt er: Durch öffentlich finanzierte theologische Lehrstühle, Militärseelsorge und kirchliche Vertreter in Rundfunkräten werde Religion als herrschaftsnah und aus dem Westen kommend wahrgenommen."[265]

Kosing [266]macht darauf aufmerksam, dass die Beantwortung der Frage danach, was Religion überhaupt ist, sehr kompliziert ist, da alle Religionen sich in ihrer geschichtlichen Entwicklung nach Inhalt und Charakter erheblich veränderten. Er zählt zur Klärung der Begrifflichkeit folgende Wesensmerkmale auf:

- „der Glaube an übernatürliche Mächte, wie Geister, Dämonen Engel, Teufel und vor allem Götter;

- die Unterscheidung zwischen `Profanem´ und `Heiligem´, indem bestimmten Gegenständen, Prozeduren und Personen ganz besondere Eigenschaften zugesprochen werden;

- bestimmte Rituale und Kulte, die der Verehrung der Götter, der Geister und der `Heiligen´ und auch der Kommunikation mit ihnen dienen;

- die Existenz ausgewählter Personen, wie Schamanen, Magier, Tempeldiener, Priester, Bischöfe, die einen besonderen Status besitzen, weil sie befähigt sein sollen, entweder direkt mit den übernatürlichen Mächten zu kommunizieren oder aber in deren Namen und Auftrag zu sprechen und zu wirken;

- spezifisch `religiöse Gefühle´ gegenüber den übernatürlichen Mächten, speziell gegenüber Gott wie Ehrfurcht, Bewunderung, Demut, Schuldgefühle, mystische Gefühle des `Einsseins mit Gott´ und ähnliche schwer zu beschreibende Gemütszustände, die oft auch im Zusammenhang mit `heiligen Reliquien´ auftreten sollen;

---

[265] Schmundt,Hilmar Gottlose Trendsetter Worin unterscheiden sich Ungläubige von Gläubigen? Atheisten sind gebildeter, toleranter un wissen mehr über den Gott, an den sie selbst nicht glauben. In: DER SPIEGEL 30/2011Seite 106.
[266] Kosing, Alfred Im Schatten des Kreuzes. Der Einfluss der Kirche auf Staat und Gesellschaft. Berlin 2010.

- Gebete in Form von Bittgebeten oder Dankgebeten, um vor allem an die Götter Wünsche und Bitten zu richten und für deren Erfüllung zu danken;
- Eine bestimmte Weltsicht, die oft Ursprung und Ende der Welt(`Schöpfung´, `Jüngstes Gericht´) einschließt, dem Menschen einen bestimmten Platz in der Welt zuweist und Richtlinien für seine Lebensgestaltung enthält;
- die Bildung bestimmter Formen sozialer Organisationen wie Kirchengemeinden, Sekten, Religionsgemeinschaften, kirchlichen Institutionen und Hierarchien."[267]

Der Theologe Schröder [268] definiert Religion wie folgt:

- den Bezug auf übermenschliche Macht, Unbedingtes, Heiliges oder Transzendentes;
- einen Bezug auf Traditionen, also eine Generationenkontinuität;
- einen Gemeinschaftsbezug, der in der Regel die Grenzen des Landes überschreitet, bei den sogenannte4n Weltreligionen auch nationale Grenzen;
- Lebensorientierung, und zwar sowohl im Alltag als auch besonders in den sogenannten Grenzsituationen des menschlichen Lebens, wie Krankheit, Schicksalsschläge, Tod und Schuld;#eine religiöse Praxis, und zwar sowohl gemeinschaftliche, wie etwa den Gottesdienst, als auch individuelle, wie das Gebet."

Der Unterschied zwischen den beiden Definitionsversuchen herauszuarbeiten, soll dem Leser überlassen blieben.

Genauso wie ich grundsätzlich auf religiöse Problemstellungen nicht eingehe, will ich das auch nicht in Bezug auf den Atheismus tun. Trotzdem soll nicht vergessen werden, die Gottgläubigkeit bzw. Ungläubigkeit in Europa ein wenig zu beleuchten.

Wie viele Menschen in Europa glauben an Gott?

Gemäß dem Eurobarometer 2005[269] glauben 52 % der Bürger der EU-Staaten an einen Gott, während 18 % weder an Gott noch an eine spirituelle Kraft glauben.

---

[267] Ebender, a.a.O. Seite 19 f.
[268] Schröder, Richard Abschaffung der Religion? Wissenschaftlicher Fanatismus und seine Folgen. Freiburg/Basel/Wien 3. Auflage 2010 Seite 87

Innerhalb der EU sind die Unterschiede sehr krass. In Malta sind es 95 Prozent, in Estland 16 %. In Deutschland und Österreich und der Schweiz liegen die Werte der Gottgläubigkeit zwischen 47 bis 54 %.

Die Anzahl der Einwohner, die nach dieser Statistik angegeben weder an Gott noch an eine spirituelle Kraft zu glauben, ist mit 33 % in Frankreich am höchsten. Deutschland weist demnach 25 Prozent auf.

Als besonders hoch wird der Anteil an Atheisten bei der Berufsgruppe der Wissenschaftler benannt.[270]

Welches Verhältnis zwischen Wissenschaft und Religion, den Problemen von Wissen und Religion in der heutigen modernen Gesellschaft besteht, hat Kosing anhand der geschichtlichen Entwicklung dieses Verhältnisses aus marxistischer Sicht und in Auseinandersetzung mit dem „modernen Theologen" Richard Schröder detailliert dargelegt.[271] Er schlussfolgert u.a., dass es in der heutigen Zeit vor allem darum geht, „die Anmaßungen solcher Theologen und Glaubensanhänger zurückzuweisen, die der Wissenschaft Fesseln anlegen wollen, sie bevormunden und `reinigen´ wollen, die gesicherte wissenschaftliche Erkenntnisse verdrängen und durch obskure `Glaubenswahrheiten´ ersetzen wollen oder aber die Wissenschaft und den Glauben miteinander zu einer Mixtur verschmelzen wollen. Diese Diskussion ist unumgänglich, sie muss konsequent im Interesse er Wissenschaft und ihres Fortschritts geführt werden. Das ist aber kein Kampf gegen der Existenz der Religion, denn er könnte sofort aufhören, wenn diese endlich völlig darf verzichten würde, die Wissenschaft in irgendeiner Weise zu gängeln, zu belehren, zu reinigen oder wie sie es auch immer nennt, wenn sie sich darauf beschränkt `Glaube´ zu sein…. Wenn diese Grenzlinien geklärt und akzeptiert sind entfallen die wichtigsten Konfliktstoffe und es wächst de Möglichkeit einer vernünftigen, sachlichen und respektvollen Zusammenarbeit bei der Erörterung und Gestaltung des gemeinsamen menschlichen Lebens in der Gesellschaft wie im Umgang mit der Natur."[272]

In Verfassungen ist das Grundrecht auf Religionsfreiheit verankert. Eingeschlossen darin ist das Recht Atheist zu sein oder zu werden.

---

[269] Eurostat poll on the social and religious beliefs of Europeans. Abgerufen am 3. April 2009 (PDF).
[270] Vgl. http://de.wikipedia.org/wiki/Atheismus abgerufen am 22.03.2010 S. 3
[271] Kosing a. a. O. Seite 216 bis 274.
[272] Kosing a.a.O. Sweite n272 f.

Die Präambel des Grundgesetzes für die BRD beginnt mit den Worten:„Im Bewußtsein seiner Verantwortung vor Gott und den Menschen, von dem Willen beseelt, seine nationale und staatliche Einheit zu wahren…"
Die Anrufung Gottes führt nach herrschender Meinung *nicht* zu einer *religiösen* Bindung an das GG.

Die Artikel 4 Absatz 1[273] und 140[274] in Verbindung mit Artikel 137 Weimarer Reichsverfassung (WRV) sind verbindlich. Von besonderer Bedeutung für die folgenden Bemerkungen ist Artikel 137 Absatz 1 WRV der lautet: Es besteht keine Staatskirche.

Jegliche weltanschauliche und religiöse Toleranz und Offenheit dürfen unter Berufung und die Verantwortung vor Gott nicht in Frage gestellt werden.[275] Wenn das so wäre, würde eine vollständige Trennung von Staat und Kirche als reine Illusion erscheinen. Auf die Problematik einer Gesamtdeutschen Verfassung, ohne Gott, nach Anschluß der DDR wurde hingewiesen.[276]

Die Präambel der Bayrischen Landesverfassung lautet ausdrücklich „angesichts des Trümmerfeldes, zu dem eine Staats- und Gesellschaftsordnung ohne Gott, ohne Gewissen und ohne Achtung vor der Würde des Menschen die Überlebenden des zweiten Weltkrieges geführt hat."

Der Generalsekretär der CSU, Alexander Dobrindt, ist bemüht, den Gottesbezug im Grundgesetz für die BRD als eine „bewusste Entscheidung für die Rückbindung menschlicher Regelwerke an eine übergeordnete ethische Instanz und gegen eine fatale Selbstüberhebung, die alle Normen und Maßstäbe der eigenen Verfügbarkeit unterwerfen will", dazustellen. „Republikanische Normen allein schützen vor staatlicher Willkür nicht- Rechtsstaat und Republik nannte sich auch die DDR."[277] Sicherlich hat Dobrindt *übersehen*, dass die augenblicklichen Koalitionspartner von der CDU in der Frage des Rechtsstaates DDR das Problem *so lösen*, dass sie sie aus der DDR häufig einen „Unrechts" Staat machen.

---

[273] Er lautet:"Die Freiheit des Glaubens, des Gewissens und der Freiheit des religiösen und weltanschaulichen Bekenntnisses sind unverletzlich."
[274] Er lautet: "Die Bestimmungen der Artikel 136, 137, 138, 139 und 141 der Deutschen Verfassung vom 11. August 1919 sind Bestandteil dieses Grundgesetzes."
[275] Die Präambel der Bundesverfassung der Schweizerischen Eidgenossenschaft beginnt mit den Worten: „Im Namen Gottes des Allmächtigen1"(Fassung vom 29. Mai 1874, 18.April 1999, Stand vom 07. März 2010).
[276] Emmerich, Klaus In guter Verfassung? Warum das Grundgesetz auf den Prüfstand gehört. Berlin 2010.
[277] In: FAZ 30. Oktober 2010 S. 10.

Die *Verantwortung vor den* Menschen (in der Präambel des Grundgesetzes für die BRD) umreißt hingegen den irdischen Rahmen. Dieser Rahmen gebietet die Sorge für künftige Generationen, z.B. wird hierbei an Umweltschutz, alternative Energiegewinnung, Rentengerechtigkeit u.a. gedacht.

Als ein Credo meiner Ausführungen gilt der Versuch, die Frage nach dem Verhältnis von Staat und Kirche in der größer gewordenen BRD nach dem Anschluß der DDR vom 3. Oktober 1990, zu erhellen, etwas deutlich zu machen.

Zunächst ist unstrittig davon auszugehen, dass das Grundgesetz für die BRD für alle Kirchen und Religionsgemeinschaften den Rahmen absteckt.

Weil das Staatskirchenrecht der Weimarer Reichsverfassung 1919 (WRV) sich bewährte und es den *Schöpfern* des GG für die alte BRD nicht gelang, sich auf andere bzw. bessere Normen zu verständigen, wurde es als „Auszug aus der deutschen Verfassung vom 11. August 1919 (Weimarer Verfassung)" dem GG beigefügt. Es handelt sich um die Artikel 136 bis 139 und 141 der (WRV).

Wenn von der stetigen Reduzierung der Mitgliederzahlen der großen Kirchen abgesehen wird, die eng verbunden ist mit einer Schwächung ihres Einflusses auf die Menschen, hat sich die Stellung der Kirchen in der Gesellschaft kaum verändert.

Der zur Floskel verkommene Leitsatz des GG zur Religion und Religionsgesellschaften des Artikels 137 Absatz 1 WRV *„es besteht keine Staatskirche"* ist auch nach dem Anschluss der DDR an die BRD, richtungsweisend. Diese Formulierung *es besteht keine Staatskirche* war auch Teil des Artikels 43 der 49er Verfassung der DDR. Diese Grundaussage wurde während der 41jährigen Existenz der DDR tatsächlich verwirklicht.

Während der Existenz der DDR und der BRD gab es zwei evangelische Kirchenvereinigungen. Die beiden Bünde der ev. Kirche waren der Bund der Evangelischen Kirchen in der DDR (BEK) und die Evangelische Kirche in Deutschland (EKD).

Obwohl häufig bestritten, entwickelten sich beide Bünde auseinander. Aus „ehemals leidlich homogener religiöser Milieus in unterschiedlichen Subkulturen... entstanden auf beiden Seiten Minderheiten, die Neigungen für das jeweils andere subkulturelle Gefüge entwickelten."[278] Dieses Verhältnis der Kirchenbünde hatte etwa den gleichen Charakter wie die Verhältnis beider deutscher Staaten zueinander. Das „Völkerrechtliche" wurde von der DDR, das „Innerdeutsche" von der BRD vorrangig hervorgehoben.

Nach Anschluß der DDR an die BRD kam es nicht zur Verkleinerung der Differenzen zwischen BEK und EKD, sondern eher zu einer „eindeutigeren mentalen Scheidung. Erste Konflikte traten im Zusammenhang mit der Übernahme des staatlichen Kirchensteuereinzugs, des Religionsunterrichts an öffentlichen Schulen und… mit besonderer Härte in der Militärseelsorge auf."[279]

Der BEK entwickelte die Idee einer „Kirche im Sozialismus". Verbunden fühlen sich diese Christen mit der Tradition Martin Niemöllers, der Barmer Theologischen Erklärung und Dietrich Bonhoeffers. In der alten BRD wurde dieses Vermächtnis, auch nach Anschluss der DDR von 1990, nie anerkannt.

Misselwitz sieht das als „eine vergebene Chance der deutschen Vereinigung von 1990…daß wir im Blick auf die historische Verantwortung aller Deutschen eine Geste der Aussöhnung unterlassen haben, die das Martyrium zehntausender Kommunisten unter den Nazis würdigt und als Unterpfand die Mitbürgerschaft in einem demokratischen Deutschland anbietet."[280]

Das Staatskirchenrecht der „Stamm-Bundesrepublik", also „der Gesamtbestand an Normen des einseitig vom Staat oder zwischen Kirche und Staat vereinbarten Recht, das sich auf die Kirchen und übrigen Religionsgemeinschaften sowie auf die Religionsausübung beziehen" wird in der BRD dadurch gekennzeichnet, dass es mit der evangelischen und katholischen „Kirche zwei vergleichsweise große christliche Konfessionen existierten. Insoweit kann man von einer ‚konfessionellen Gewaltenteilung' sprechen."

In der BRD bekennen sich etwa vier Fünftel der Bevölkerung zu einer der beiden Großkirchen.[281]

---

[278] Besier, Gerhard Zwei Staaten. zwei Kirchen.
Internet:http://www.uniheidelberg.de/uni/presse/RuCa2_97/besier.htm Seite 1.
[279] Ebenda.

[280] Misselwitz, Hans Nicht länger mit dem Gesicht nach Westen. Bonn 1996. zitiert bei Besier S.2.
[281] Die hier gemachte Zahlenangabe beruht wohl auf alten Idealvorstellungen. 4/5 sind 80 %. Bei einer Bevölkerungszahl von 82 002 356 (2008) werden 30,2 % als evangelisch und 30,7 % als katholisch betrachtet. Quellen: Kirchenaustritte in Deutschland. Zahlen ev. Kirche ab 1992, kath. Kirche ab 1990 gesamtdeutsch. Quellen: ev. Kirche: Kirchenamt der EKD, Referat Statistik, kath. Kirche: Deutsche Bischofskonferenz, Referat Statistik. In: Internet http://www.kirchenaustrit.de/statistik/ S. 2.

Anders ist die Lage in der ehemaligen DDR. "Dort machen die Christen höchstens 30 % der Bevölkerung aus (davon 25 % evangelisch und 5 % katholisch). Ungeachtet dieses Ungleichgewichts „gilt für das Verhältnis der beiden großen Kirchen zueinander, wie im Verhältnis zum Staat, strenge Parität. Sie ist historisch fundiert und verfassungsrechtlich legitimiert, eine der tragenden Grundlagen des deutschen Staatskirchenrechts.... Während man in den neuen Bundesländern damit rechnen muß, daß zwei Drittel der Bevölkerung keiner Konfession angehören, ist auch im Westen der Anteil der Konfessionslosen stetig gewachsen, so daß diese jetzt insgesamt sozusagen die drittstärkste ‚Konfession' bilden. "[282]

Die Ursachen für die Kirchenaustritte sollen hier nicht untersucht werden. Der ideologische Einfluss der DDR kann es wohl kaum sein.

Betrachtet man die Zahlen der jährlichen Kirchenaustritte so waren es im Jahre
1970 (Ev. Kirche) 202.823, (Kath. Kirche) 69.454 (nur BRD);
1990 (Ev. Kirche) 144.143, (Kath. Kirche) 143.530;
2000 (Ev. Kirche) 188.557, (Kath. Kirche) 129.496;
2008 (Ev. Kirche) 168.901, (Kath. Kirche) 121.155.[283]

Eine Umfrage vom September 1995 ergab, dass die *Austrittsrate* seit 1990 in der ehemaligen DDR höher als in der alten BRD lag.

Jahr für Jahr verliert die evangelische. Kirche bundesweit 0,7 % ihrer Mitglieder. Der „Anteil derer, für die Gott im eigenen Leben eine untergeordnete Rolle spielt, liegt mit 63 Prozent im östlichen Teil Deutschlands fast doppelt so hoch wie im Westen. Diese Haltung spiegelt sich auch in der nach wie vor hohen Teilnahme Ostdeutscher an der atheistischen Jugendweihe" wieder.[284]

Einem vertraulichen Protokoll der Sitzung des Finanzbeirats der EKD Hannovers vom 4. April 1996 (eine Modellrechnung des Kirchensteueraufkommens 1991 bis 2040 betreffend) geht der Mitgliederbestand in diesem Zeitraum um etwa 25 bis 30 % zurück.[285]

---

[282] Listl,//Hollerbach Das Verhältnis von Kirche und Staat in der Bundesrepublik Deutschland. In: Handbuch des katholischen Kirchenrechts. Zweite Auflage Regensburg 1999 S. 1268 f.

[283] Internet http://www.kirchenaustrit.de/statistik/ S. 1.

[284] Besier a.a.O. Seite 3.Auf die Problematik der Jugendweihe wurde an anderer Stelle näher eingegangen.
[285] Vgl. ebenda.

In diesem Zusammenhang sei die Frage gestattet, ob die atheistische Propaganda der DDR hier eine Langzeitwirkung hat? Wenn das so wäre- ein Grund mehr, seitens der Kirchen: den Sozialismus verdammen!

Das liest sich dann wie folgt:

„Zu seiner Herrschaftssicherung bediente sich das SED-Regime in besonderer Weise psychologischer Erkenntnisse, instrumentalisierte lerntheoretische Gesetzmäßigkeiten und psychotherapeutische Interventionsverfahren, um sich Menschen gefügig zu machen. Über Jahrzehnte ausgebildete Einstellungen und Verhaltensweisen, die mannigfaltige positive Verstärkungen erfuhren, sind nicht innerhalb weniger Jahre abzubauen, zumal die Erfahrungen in und mit der Bundesrepublik für viele ehemalige DDR-Bürger mit negativen Verstärkungen verbunden waren und sind."[286]

Im Studienbuch des Staatskirchenrechts[287] wird die „Diktatur der Deutschen Demokratischen Republik" folgendermaßen (ungekürzt) abgehandelt:
„Auch die vierzig Jahre DDR sind nun Geschichte. Die DDR hatte angefangen mit religionsverfassungsrechtlichen Artikeln, die mit denen der Weimarer Verfassung fast identisch waren, diese aber von Anfang an nur als ein Fetzen Papier behandelt. Schon bald begann die Weltanschauungsdiktatur des dialektischen Materialismus ihren Herrschaftsanspruch auf alle Bereiche des Lebens auszudehnen. Dies führte zu einer kontinuierlichen Diskriminierung von Kirchen und Religionsgemeinschaften und zum Ausschluß insbesondere der Christen von ganzen Kategorien staatlich relevanter Berufsgruppen. Die taktisch bedingten Phasen der totalitären Kirchenpolitik müssen hier nicht im Einzelnen aufgezeichnet werden."

Schon deshalb nicht, weil bestimmte Einzelheiten auch beweisen könnten, dass es keine kontinuierliche Diskriminierung von Kirchen und Religionsgemeinschaften in der DDR gab.

Der Freiherr von Campenhausen hat vergessen zu erwähnen, dass die „Diktatur der DDR" und die „Weltanschauungsdiktatur des dialektischen Materialismus" nicht zu trennen sind von der Diktatur des Proletariats, zu der sich der Staat der DDR bekannte.

---

[286] A.a.O. S.5.
[287] Campenhausen, Axel Freiherr von: Staatskirchenrecht. Eine systematische Darstellung des Religionsverfassungsrechts in Deutschland und Europa. Vierte Auflage München 2006, Seite 38.

Es wurden mehrfach in der Alt-BRD *Versuche* unternommen, die Trennung Staat-Kirche tatsächlich zu realisieren. Dazu gehören:

Die Kündigung der Konkordate und Kirchenverträge, die der dauerhaften Sicherung der kirchlichen Privilegien dienen. „Sie sind nicht nur überflüssig, sondern schädlich, weil ihr Inhalt dem parlamentarischen Entscheidungsprozeß weitgehend entzogen ist."[288]

Das GG für die BRD gesteht den Kirchen im Artikel 140 i. V m. Artikel 137 Weimarer Reichsverfassung (WRV) das Recht zu, eigene Steuern zu erheben. Das GG enthält aber keine Regeln zum Einzug dieser Steuern durch den Staat. Dieser Steuereinzug „verletzt in eklatanter Weise das Gebot der Trennung von Staat und Kirche."[289]

Die „Kirchensteuern" sind faktisch Mitgliedsbeiträge für eine außerstaatliche Organisation.[290]

Artikel 140 GG i. V. m. Artikel 138 Abs. 1 [291] wurde nie verwirklicht.

Hier handelt es sich um einen ausdrücklichen Auftrag an das GG für die BRD, der in fast allen Bundesländern (außer Hamburg und Bremen) gilt. Nicht unerwähnt soll bleiben, dass mit dem Inkrafttreten des Einigungsvertrages[292] auch das „Gesetz zur Regelung des Kirchensteuerwesens"[293] in der DDR in Kraft trat.

Als eine Ungeheuerlichkeit des vielgepriesenen Rechtsstaates BRD sehe ich an, dass dieses Gesetz erst mit dem Einigungsvertrag überhaupt *bekannt gemacht* wurde, obwohl es *alle Angehörigen* der evangelischen und katholischen Kirchen, sowie der jüdischen Kultusgemeinden und anderen Religionsgemeinschaften betraf, die die gleichen Rechte wie Kirchen hatten.[294]

---

[288] Humanistische Union Trennung von Staat und Kirche. Thesen erstellt von einer Expertengruppe der Humanistischen Union.. München 1995. These 1.

[289] A. a. O. These 2.

[290] Vgl. a. a.O. Seite 21.

[291] „Die auf Gesetz, Vertrag oder besonderen Rechtstiteln beruhenden Staatsleistungen an die Religionsgesellschaften werden durch die Landesgesetzgebung abgelöst. Die Grundsätze hierfür stellt das Reich auf."

[292] Vertrag zwischen der DDR und der BRD über die Herstellung der Einheit Deutschlands vom 31. August 1990 (Einigungsvertrag) (GBl. I Nr. 64 Seite 1629), gleichfalls im BGBl. II Seite 889, oder Sonderdruck aus der Sammlung Das Deutsche Bundesrecht I A 5 Seite 11.

[293] Einigungsvertrag a.a.O. Anlage II Kapitel IV Geschäftsbereich des Bundesministers der Finanzen, DDR-Quelle S. 1934.

[294] Vgl. a.a.O.§§ 2 Ziffer 3. und 4. , 15

Dieses Gesetz hatte schon im Hinblick auf die *melderechtlichen Regelungen* der §§ 15 ff. für alle DDR- Staatsbürger (den späteren Neubundesbürgern) große Bedeutung. Neben dem Austausch von Meldedaten über ihre Angaben zur „rechtlichen Zugehörigkeit zu einer Religionsgesellschaft des öffentlichen Rechts" wurde im § 16 Absatz 2 bestimmt, wenn „Zweifel über die Richtigkeit der bei der Meldebehörde vorhandenen Daten über die Zugehörigkeit zu einer Religionsgesellschaft" bestehen, „sind auf Antrag des Betroffenen zunächst die nach seiner Auffassung zutreffenden Angaben als Meldedaten zu führen. Die Meldebehörde hat die Abweichung der beteiligten Religionsgesellschaft mitzuteilen."

Bereits hier begann die spezielle Art von Missionierung der DDR- Staatsbürger nach Anschluss der DDR. Die Tatsache, dass die Meldebehörde (als staatliches Organ) eng mit den Religionsgesellschaften zusammenarbeiten mußte, um den Mitgliederbestand und die Zahlung ihrer Mitgliedsbeiträge umzusetzen, stellt eine grobe Verletzung des Trennung von Staat und Kirche dar.

Die oben als Ungeheuerlichkeit bezeichnete Tatsache wird nicht dadurch abgemildert, dass der Einigungsvertrag im Gesetzblatt der DDR am 28. September 1990 (also fünf Tage vor den Anschluss der DDR) veröffentlicht wurde und das Gesetz zur Regelung des Kirchensteuerwesens „erstmals für das am 1. Januar 1991 beginnende Steuerjahr anzuwenden" war.[295]

Die an anderer Stelle bereits genannten Staatsleistungen an die Kirchen stellen sich dar als direkte (offene) Subventionen und Leistungen (Dotationen) vom Bund und der einzelnen Bundesländer. Es handelt sich um die aus den Haushaltsplänen der Bundes und der Länder entnommenen Zahlen der Leistungen und Zuschüsse wie die Besoldungen der Pfarrer oder dem Religionsunterricht. Als Beispiele werden die Länder Brandenburg, Mecklenburg Vorpommern, Sachsen, Sachsen-Anhalt und Thüringen gewählt. Nur in Einzelfällen wird auf Zahlen der Alt-BRD zurück gegriffen. [296]

Als direkte Subventionen und Leistungen *des Bundes* gilt die Militärseelsorge., auf die im Folgenden näher eingegangen werden soll.

---

[295] A. a. O. § 20
100 Als Grundlage für die Staatsleistungen der christlichen Kirchen dient das Material der Arbeitsgemeinschaft Trennung Staat/Kirche veröffentlicht: Internet http://www.arbeitsgemeinschaft-trennung-staat-kirche.de/Staatsleistungen %20an%20... 25.04.2010 im Umfang von 110 Seiten.

9. Die Militärseelsorge (MSS) in der alten BRD

Die MSS der evangelischen Kirche in Deutschland (EKD) beruht auf dem Militärsorgevertrag aus dem Jahre 1957, der zwischen der Bundesrepublik und der EKD abgeschlossen wurde.

Die Synode des EKD tagte in Westberlin und billigte den zwischen der BRD, Bundeskanzler Adenauer und Bundesminister für Verteidigung Strauß und für die EKD dem Vorsitzenden des Rates D. Dibelius[297] und dem Leiter der Kirchenkanzlei D. Brunotte unterzeichneten Vertrag vom 22. Februar 1957 über die Militärseelsorge in der Bundeswehr.[298]

91 Stimmen dafür, 19 Stimmen dagegen und 5 Stimmenthaltungen. Von den Mitgliedern der Synode kamen 44 aus den Gliedkirchen der DDR. Demnach stimmten mindestens 20 DDR- Kirchenvertreter dem Vertrag zu. Der Vertrag bedurfte gemäß Kirchenordnung einer Zweidrittelmehrheit der Synodale. Er wurde, „das kann nicht nachhaltig genug betont werden, von den *DDR-Kirchen der EKD aufgezwungen.*"[299]

In diesem Zusammenhang soll darauf verwiesen werden, dass es auch innerhalb der EKD zum Militärseelsorgevertrag und zur atomaren Aufrüstung der Bundeswehr nicht nur in den Jahren 1957 und 1958 Streit gab. Mit der „Ohnmachtsformel", so wurde die Konstruktion der EKD bezeichnet „ein klares Ja oder Nein zur atomaren Rüstung mit der demagogischen Erklärung umging, *es bedürfe der Atomrüstung, um die Freiheit zu sichern, gegen die Atomrüstung zu protestieren,* und darum sei in dieser Frage sowohl das ʼproʼ wie das ʼcontraʼ kirchlich legitim, ja erforderlich. Diese Formel war deshalb so verlogen, weil sie bedeutete, daß die EKD als solche *real* die atomare Aufrüstung unterstützte, dabei aber den *Schein* der Neutralität wahrte, indem sie tolerierte, das Einzelne in ihr dagegen protestierten."[300]

---

[297] Müller, Hanfried Erfahrungen Erinnerungen Gedanken. Zur Geschichte von Kirche und Gesellschaft in Deutschland seit 1945 Schkeuditz 2010 . Seite 194. Auf Seite 197 bezeichnet e er Dibelius als „Protagonisten des kirchlichen Antikommunismus" oder „Gallionsfigur des Kalten Kirchentages 1959.

[298] BGBl. 1957 II S.702; VMBl 1957 S.757
[299] Müller, a. a. O. Seite 191.
[300] A. a. O. Seite 194.

Mit der Entscheidung für den Militärseelsorgevertrag und der „Ohnmachtsformel" war die EKD im Kalten Krieg nicht neutral geblieben, sondern hatte sich als Staatskirche der BRD etabliert. Die EKD war wie es Müller nannte, völlig westlich „eine durch und durch imperialistische Religionsgemeinschaft geworden, in der das `Christentum´, wie es die USA formulierten, zum `Kitt der NATO´ wurde, bestätigte schon wenig später die vielberufene `Obrigkeitsschrift´ von Otto Dibelius."[301]

.In einer Dokumentation „Hier spricht Dibelius" (Berlin 1960) wird anhand seiner eigenen Veröffentlichungen deutlich gemacht, welche Rolle der Bischof der Evangelischen Kirche Berlin-Brandenburg im Zusammenhang mit dem Antisemitismus und Antikommunismus schon im Zusammenhang mit dem ersten Weltkrieg, dem aufkeimenden Nazifaschismus, während und nach dem zweiten Weltkrieg , spielte.

Der Militärsorgevertrag sieht vor, dass die kirchliche Leitung der Seelsorge in der Bundeswehr unter Verantwortung eines Militärbischofs liegt, der von der EKD berufen wird und im kirchlichen Dienst bleibt. Als Beamte auf Lebenszeit werden ein Militär*general*dekan und acht Militärdekane berufen. Alle anderen Militärgeistlichen sind Beamte auf Widerruf und sollen nach sechs bis achtjährigem Dienst in der Militärseelsorge wieder in den kirchlichen Dienst zurückkehren.

„Der Verteidigungsminister der DDR, Willi Stoph, lehnte laut dpa in einem Schreiben an den Ratsvorsitzenden der EKD, Bischof Dr. Otto Dibelius, Besprechungen über die Militärseelsorge in der Nationalen Volksarmee der DDR ab. In dem Schreiben heißt es, die Tätigkeit der Kirche in der Volksarmee könne kein Gegenstand von Verhandlungen sein. `Bei dieser Gelegenheit darf ich Ihnen mitteilen´, erklärte Stoph, daß meines Wissens bisher von keinem Angehörigen der Nationalen Volksarmee das Bedürfnis nach seelsorgerischer Betreuung durch *Wehrmachtspfarrer* geäußert wurde."[302]

Kurz: In der DDR gab es keine Militärseelsorge mit allen ihren Konsequenzen.

Es ist hier nicht der Ort, die nach Anschluss der DDR geführte Diskussion um Wehrdienstverweigerung in der DDR (auf Grund entgegenstehender Glaubensvorstellungen bzw. politischer Einstellungen) oder der Aufstellung von

---

[301] A. a. O. Seite 196
[302] Archiv der Gegenwart. Deutschland 1949 -1999, Band 2 1953-1957. S. 1885 f. (Hervorhebung: K.E.)

Baupioniereinheiten im Bereich des Ministeriums für Nationale Verteidigung (bei den Landstreitkräften, den Luftstreitkräften/Luftverteidigung und in der Volksmarine) im Detail einzugehen.

Tatsache bleibt, dass es im September 1964 eine Anordnung des Nationalen Verteidigungsrates der DDR gab, die es allen Wehrpflichtigen erlaubte, die aus religiösen Gründen den Dienst mit der Waffe ablehnten, durch Arbeitsleistungen an der Verteidigungsfähigkeit des Landes teilzunehmen.[303]

So waren z.B. die berufsorientierten Anforderungen an die Bausoldaten (Rohrleger, Maschinenschlosser, Maurer, Maler, Elektriker, Glaser, Autoschlosser und Schweißer) mit den *entgegenstehenden Glaubensvorstellungen* wohl kaum in Übereinstimmung zu bringen.[304]

Zusammenfassend wird eingeschätzt, dass „der Dienst als Bausoldat…den Glaubens-und Gewissenskonflikt, welcher der Entscheidung, als Bausoldat zu dienen, zugrunde lag, in keiner Weise (diente). Im Gegenteil, die Erfahrungsberichte der Bausoldaten demonstrieren eindeutig, daß er ihn zum Teil verschärft hat. Zweifellos waren bei der Entscheidung der Führung der DDR, diese Form des Wehrdienstes zu schaffen, ihre Beziehung zu den Kirchen in der DDR und die damit verbundenen Ost/Westprobleme von gravierender Bedeutung. Die Entscheidung mußte im Ergebnis der eingangs geschilderten Umstände getroffen werden. Aber es war auch für die DDR selbst ein Weg, um die sich sonst bedeutend steigernde Zahl der Wehrdienstverweigerer um gut die Hälfte zu senken…"[305]

Auch nach dem Anschluß der DDR waren die evangelischen Landeskirchen der DDR nicht bereit, den Militärsorgevertrag der *alten BRD* aus dem Jahre 1957 im Verhältnis 1:1 zu übernehmen. Generell wurde eine zu große Nähe zum Staat befürchtet. Es gab als Übergangslösung eine Rahmenvereinbarung über die *Soldatenseelsorge* für den Zeitraum 1996 bis 2003.

Trotzdem: „Seit Anfang 2004 gilt der Militärseelsorgevertrag als gemeinsamer rechtlicher Rahmen für ganz Deutschland."[306]

---

[303] Vgl. Fischer, Egbert/ Wendt, Horst Der Dienst dedr Bausoldaten- eine echte Alternative zum Wehrdienst in der NVA? In: Was war die NVA? Studien-Analysen-Berichte Zur Geschichte der Nationalen Volksarmee. Berlin 2001, Seite 162 – 171.
[304] Vgl. a. a. O. S. 166.
[305] A. a. O. S. 170.
[306] Internet: http://www.ekd.de/news_2007_02_20_1_militaerseelsorgevertrag.html

Auf die Frage, was die Militärseelsorge überhaupt ist und welche Aufgaben er hat, gibt *Der Reibert*[307] Auskunft.

Erstens heiß es dort: Jeder Soldat hat „Anspruch auf Seelsorge und ungestörte Religionsausübung."

Zweitens: Die Militärseelsorge ist ein eigenständiger Organisationsbereich in der Bundeswehr. Die Militärseelsorge wird im Auftrag und unter Aufsicht der Kirchen geleistet und ist damit Kirche unter den Soldaten und selbstverständlich ihren Familien. Alle Militärgeistlichen sind auf Zusammenarbeit mit den militärischen Vorgesetzten angewiesen. In ihrer seelsorgerischen Tätigkeit sind sie ausschließlich kirchlichem Recht und von staatlichen Weisungen unabhängig.

Drittens: Der militärische Vorgesetzte muss zur Verwirklichung der Glaubens-, Gewissens- und Bekenntnisfreiheit in der Bundeswehr beitragen.

Viertens: Als Standortpfarrer, Pfarrer bei den fliegenden und schwimmenden Verbänden sowie an den Universitäten und Ausbildungseinrichtungen der Bundeswehr, bei Auslandeinsätzen wird die seelsorgerische Betreuung der Soldaten verwirklicht. Neben ihrem kirchlichen Auftrag wird von den Militärgeistlichen auch lebenskundlicher Unterricht erteilt, „der sich mit den berufsethischen und sittlichen Grundsatzfragen des Soldatenberufs auseinandersetzt."[308]

Fünftens: Die evangelische und katholische Militärseelsorge sind organisatorisch getrennt und werden vom jeweiligen Militärbischof geleitet. Dem Evangelischen Kirchenamt der Bundeswehr und dem Katholischen Militärbischofsamt unterstehen Wehrbereichsdekane und Dekane beim Flottenkommando der Marine.[309]

Aus der Vielzahl der hier aufgeführten Aufgaben sei der von den Militärgeistlichen erteilte sogenannte lebenskundliche Unterricht herausgegriffen und mit der Frage unterlegt, inwieweit die Glaubens-, Gewissen- und Bekenntnis*freiheit* hier tatsächlich verwirklicht wird?

Es würde hier zu weit führen, wenn auf die berufsethischen und sittlichen Grundsatzfragen des Soldatenberufs, wozu zweifellos das Töten gehört, eingegangen wird.

---

[307] Handbuch für den deutschen Soldaten seit 1789, i. d .F. vom 27. April 2009
[308] A.a.O. S.41.
[309] Vgl. ebenda.

Als Rechtsgrundlage für die katholische MSS gilt das Reichskonkordat vom 20. Juli 1933, das zwischen dem Vatikan (sog. Heiligen Stuhl) und dem Deutschen Reich abgeschlossen wurde.

Dieses Konkordat hat auch noch seine Verbindlichkeit in der heutigen BRD, auch nach Anschluss der DDR, behalten. Im Artikel 27 wird das Zusammenwirken von Reichswehr und katholischer Kirche, die katholische MSS garantiert. Es gibt einen, damals geheimen Anhang, der die künftige allgemeine Wehrpflicht und die Mobilmachung betraf.

Das Reichskonkordat, enthält im Gegensatz zur völkerrechtlichen Vertragspraxis keine Kündigungsklausel und sieht gemäß Artikel 33 Absatz 2 nur freundschaftlich- einvernehmliche Lösungen vor.

Erwähnenswert ist, dass dieses Reichskonkordat der erste völkerrechtliche (außenpolitische) Vertrag war, den das hitlerfaschistische Deutschland nach seiner Machtergreifung abschloss.[310]

Wenn ein Militärdekan, der seinen *Sold vom Staat* erhält, am 24. Juli 2009 in Schwerin am Festtag des Heiligen Christophorus eine *Fahrzeugsegnung* von zwei Autos, je einem Motorrad, Fahrrad und Kinderwagen und ihrer jeweiligen Besitzer oder Eigentümer vornahm, dann ist das eine innere Angelegenheit der katholischen Kirche.

Das eigentliche Problem sehe ich aber darin, dass darüber in der „Schweriner Volkszeitung" mit Bild des Militärdekans *berichtet* wird.

„Im Gebet und Segen werde der Schutz Gottes auf die Menschen herabgerufen…Es geht hierbei auch nicht um Magie, sondern um die Überzeugung, dass Gott mit uns unterwegs ist." Die Segnung, so erläuterte die Zeitung, könne auch als Selbstverpflichtung aufgefasst werden, sich stets rücksichtsvoll und verantwortungsbewußt auf den Straßen zu verhalten.[311]

Ich sehe das gesamte Ereignis als spezielle Form von Missionierung der vom „kommunistischem Regime" in der DDR zur *Säkularisierung gezwungenen Bürger.*

Czermak macht darauf aufmerksam, dass in der BRD die Fortgeltung des Reichskonkordats „von Anfang an umstritten (war), und zwar auch in den Beratungen des Parlamentarischen Rats" zum Artikel 123 Absatz 2 Grundgesetz

---

[310] Vgl. Czermak, Gerhard Religion und Weltanschauung in Gesellschaft und Recht. Ein Lexikon für Praxis und Wissenschaft Aschaffenburg 2009, S. 288 f.
[311] Schweriner Volkszeitung vom 25./26. Juli 2009 S. 19.

für die BRD.[312] Die formale Gültigkeit sei nach seiner Meinung, auch heute im Jahre 2009 noch ungeklärt. Tatsache ist, dass das Grundgesetz zumindest innerstaatlich stets Vorrang hat.[313]

Fakt bleibt aber auch, dass die gesamte Militärseelsorge finanziell vom Staat, dem Steuerzahler, getragen wird.

Es handelt sich z.B. um Bezüge und Nebenleistungen der Planstellen von *Beamtinnen und Beamten*: Im Jahre 2002 waren es 11 Millionen 119 Tausend Euro, im Jahre 2005 10 Millionen 991.000 €.

Für die Vergütungen der *Angestellten* wurden im Jahre 2002 10.446.000 Euro, im Jahre 2005 10.550.000 Euro aus der Staatskasse/ Steuergelder geleistet.

Für Löhne der *Arbeiterinnen und Arbeiter* im kirchlichen Dienst wurden im Jahre 2002 868.000 Euro, im Jahre 2005 840.000 Euro aus der Staatskasse/Steuergelder gezahlt.

Die Vergütungen und Löhne für *Arbeitskräfte mit befristeten Verträgen*, sonstige Beschäftigungsentgelte sowie Aufwendungen für nebenberuflich und nebenamtlich Tätige betrugen im Jahre 2002 241.000 Euro, im Jahre 2005 260.000 Euro.
Der Leser sollte folgendes beachten: Je mehr aufgegliedert, umso kleiner erscheinen die Zahlen.

Die Gesamtausgaben für die Militärseelsorge beliefen sich im Jahre 2003 auf 29 Millionen 272 Tausend Euro. Im Jahre 2005 waren es *nur noch* 25 Millionen 217 Tausend 618,00 Euro.[314] Zu beachten: Es handelt sich lediglich um die Kosten der MSS der EKD.

Der Militärseelsorgevertrag aus dem Jahre 1957 legte fest, dass die MSS Teil der kirchlichen Arbeit ist und unter Aufsicht der Kirche ausgeübt wird. Der Staat sorgt für den organisatorischen Aufbau der MSS und trägt ihre Kosten (Artikel 2).
Als *Gegenleistung* kann der Staat schwerwiegende Einwände gegen einen für das Amt des Militärbischofs in Aussicht genommenen Geistlichen äußern

---

[312] Czermak, a. a. O.

[313] A.a.O. S. 289.

[314] Alle Zahlen: Internet http://www.arbeitsgemeinschaft-trennung-staat-kirche.de/Staatsleistungen %20an%20... 25.04.2010 im Umfang von 110 Seiten. S. 6 ff.

(Artikel 11 Absatz1). Der Rat der EKD kann den Militärbischof aus wichtigen kirchlichen Gründen abberufen. Er unterrichtet die Regierung in angemessener Weise zuvor von ihrer Absicht und teilt zugleich den Namen des Nachfolgers mit (Artikel 11 Absatz 2).

Der Artikel 14 bestimmt, dass zur Wahrnehmung der zentralen Verwaltungsaufgaben der MSS am Sitz des Bundesverteidigungsministeriums ein Amt der EKD geschaffen wird, das dem Bundesminister der Verteidigung unmittelbar nachgeordnet ist.

Im Friedenratschlag, Organ der AG Friedensforschung wird der unrealistische (rein theoretischer) Fall beschrieben, dass „ein engagierter Pazifist sich zum Militärbischof berufen fühlen sollte." Nach Anschluß der DDR „wurde die vor allem unter ostdeutschen Protestanten lebendige friedensethische Tradition einfach `abgewickelt´... Spätesten mit der Synode von Amberg (November 2001) war nicht nur die (evangelische- K.E.) Tradition eines eher distanzierten Verhältnisses von Staat und Kirche endgültig Geschichte geworden. In Zeiten des Krieges bemühte sich die Kirchenleitung auch, staatlichen Wünschen nach einer Legitimation des wenn nicht gerechten, so doch gerechtfertigten Krieges zu entsprechen."

Auf einen Protest des Bonhoeffer-Vereins und der Niemöller –Stiftung, die Weigerung des Staates betreffend, über eine Änderung des Militärseelsorgevertrages zu verhandeln, beugte sich die EKD.

Klar wurde, dass der Staat „keine freie, kritische, am Evangelium orientierte Seelsorge, sondern einen in die staatlichen und militärischen Strukturen eingepaßten religiös-psychologischen Betreuungsapparat für künftige weltweite Bundeswehreinsätze" haben will. [315]

Aus dieser Feststellung ergibt sich die Frage nach der Militärseelsorge in bundesdeutschen Kriegen

Die Wissenschaftliche Direktorin am Sozialwissenschaftlichen Institut der Bundeswehr und Lehrbeauftragte für Sozialethik an der Helmut-Schmidt-Universität geht davon aus, dass jeder Mensch, ob Hausfrau, Gebäudereiniger, Studentin oder Lastwagenfahrer tödlich verunglücken kann. Logisch.

Wenn aber Bundeswehrangehörige im Auslandseinsatz (sie vermied den Kriegsbegriff) fallen, ist deren Tod „etwas anderes, denn sie sind - so die übliche Deutung - für die Verteidigung von Recht und Freiheit der

---

[315] Uniformierte Christen. 50 Jahre Militärsorgevertrag AG Friedensforschung:
Internet:http://suche.aol.de/aol/(idoidPage?query=Milit%C3%A4rseelsorgevertrag&type=web...

Bundesrepublik Deutschland gestorben, sie waren vom deutschen Parlament in den Einsatz geschickt worden. Deshalb findet ein militärisch-kirchliches Zeremoniell statt, wenn die Särge mit toten Soldatinnen oder Soldaten in Deutschland ankommen.

Ein entsprechendes Zeremoniell gibt es weder für Hausfrauen und Gebäudereiniger noch für deutsche Polizistinnen und Polizisten oder für Angehörige der Entwicklungsdienste. Dass tote Soldatinnen oder Soldaten öffentlich anders wahrgenommen werden, hat vor allem zwei Gründe: die sattsam bekannte Heroisierung des Soldatentodes einerseits, die Problematik der Auslandseinsätze der Bundeswehr andererseits."[316]

An anderer Stelle, nachdem die Professorin unter anderem „Befehl und Gehorsam", einstige „Liebe zum Herrscher" und „Die Idee des Blutopfers" anhand eines geschichtlichen Abrisses erläuterte, erklärt sie, dass die menschliche Opferbereitschaft während des faschistischen Raubkrieges mißbraucht wurde. Aus diesem Grunde sei von keinem Bundesbürger " mehr das Opfer des eigenen Lebens gefordert" worden. Nur in der Begründung des Entwurfs des Soldatengesetzes im Jahre 1956 habe es geheißen, „der Einsatz der Person verlange von dem Soldaten, `seiner Aufgabe mit allen geistigen und leiblichen Kräften und - wenn es sein muß bis zum Opfer von Leib und Leben gerecht zu werden´".[317]

Die Autorin meint, die „Inszenierung der Erinnerung an tote Soldaten balanciert also auf einen schmalem Grat: Sie muss das Gedenken ohne die Muster früherer Rhetorik meistern, und sie muss nicht nur der getöteten Soldaten, sondern auch der getöteten Polizisten und humanitären Helfer gedenken." Keinesfalls dürfe das Gedenken ein Soldatenethos mit elitärer Kämpferidentität fördern. „Ein militärisches Sonderethos sollte aus den öffentlichen Deutungen des Soldatentodes nicht ableitbar sein.[318]

Das Problem wird umso gravierender, je mehr Soldaten bei ihren Kriegseinsätzen ums Leben kommen. Wie soll der Öffentlichkeit deutlich gemacht werden, dass immer mehr Soldaten, die z.B. „Deutschland am Hindukusch verteidigen" (Struck) ihr Leben lassen müssen?

---

[316] Dörfler-Dierken (2008) Berufsrisiko: Tod. Wer sich in Gefahr begibt...muss sich auch mit dem Thema Tod im Einsatz auseinandersetzen. In: zur Sache.bw Evangelische Kommentare zu Fragen der Zeit. Nr. 14/2008 S. 4.
[317] A.a.O. S. 6.
[318] A .a. O. S. 7.
*Stand: November 2007.

Wenn zum Kriegseinsatz der Bundeswehr in Bosnien-Herzegowina, 560 deutsche Soldaten, im Kosovo 2200 Soldaten und in Afghanistan ein Mehrfaches zum Einsatz kommen (etwa 5000), stehen auch vor der MSS neue Aufgaben, wie aus dem Bericht des Militärbischofs hervorgeht.[319]

Ob das Abhalten von Gottesdiensten und lebenskundlichem Unterricht auf Grundlage des christlichen Glaubens und seiner Werte, die Teilnahme an Gelöbnissen, technisch-organisatorische Probleme sind, hängt sicherlich davon ab, ob und wie die Waffen gesegnet wurden, um allen Soldaten im Auslandseinsatz die Skrupel zum Töten zu nehmen.

Zum Einsatz in Afghanistan: Beklagt der Militärbischof das „Wiedererstarken der Taliban und den sich intensivierenden Kämpfen…Es verdreifachte (von 2005 bis 2006) sich die Anzahl direkter Angriffe auf internationale Streitkräfte von 1558 auf 4.552. Das US-Militär verzeichnete 98 Tote, die übrigen internationalen Truppen 93.…Als problematisch erweist sich vor allem, dass ein ausgereiftes Konzept für das *Vorgehen in Afghanistan* fehlt. Viele Afghanen wünschen sich materielle Soforthilfe, empfinden aber den Versuch der Etablierung westlicher Normen und Werte (Zentralregierung, Zivilgesellschaft, Demokratie, Geschlechtergleichheit) als Überfremdung… "[320]

Der Herr Militärbischof vermied peinlichst den Begriff eines Krieges auszusprechen und hat *vergessen,* bei der Etablierung westlicher Werte und Normen die *Missionierung zum Christentum* zu nennen. Aber zu seiner Entschuldigung: Das scheint ja *nur* ein Problem des Papstes zu sein.

Wie auch die evangelische Kirche den Trauergottesdienst für Soldaten, die im Auslandseinsatz sterben mussten zelebriert, beschreibt Schulze von Glaßer.[321]

Die Fürbitte, auch von einem evangelischen Militärseelsorger vorgetragen, hat folgenden Wortlaut: „Für unsere gefallenen Soldaten, die verantwortungsvoll dort ihren Dienst getan haben, wo große Not ist, und für alle Soldaten, die in den Krisengebieten unserer Erde beim Einsatz von mehr Gerechtigkeit und Frieden ihr Leben lassen mußten. Gott unser Vater, wir bitten dich-erhöre uns."[322]

---

[319] 6. Tagung der 10. Synode der EKD in Dresden 4. bis 7. November 2007, Bischof Peter Krug S. 10 bis 12
[320] A.a.O. S. 11. Hervorhebung: K.E.
[321] Schulze von Glaßer, Michael „Und das sind wir" Mit totern Soldaten für Auslandseinsätze werben? Wie das geht, zeigen die Trauergottesdienste. In: junge Welt 21. Juni 2011.
[322] Ebenda.

10. Kirchen und Bildung

Um den Überblickscharakter dieser Zeilen zu erhalten, stütze ich mich im Wesentlichen auf Thesen der Humanistischen Union aus dem Jahre 1995, die an Aktualität nichts eingebüßt haben.[323]

Die These zu den *Theologischen Fakultäten* wird von Neumann wie folgt formuliert und begründet: „Den Kirchen und Weltanschauungsgemeinschaften steht es frei, ihre Mitarbeiterinnen und Mitarbeiter in eigenen Bildungseinrichtungen aus- und fortzubilden.

Die traditionellen theologischen Fakultäten haben wegen ihrer Kirchen- und Glaubensbindung, die der Freiheit der Wissenschaft entgegensteht, an den Universitäten keinen legitimen Platz. Sie sind deshalb in religionswissenschaftliche Fakultäten umzugestalten.

Das kirchliche Mitspracherecht bei der Besetzung der Hochschullehrerstellen stellt einen Eingriff in die Autonomie der Wissenschaft dar."

…Konkordatslehrstühle, „also jene Professuren für Philosophie, Gesellschaftswissenschaften und Pädagogik, außerhalb der Theologischen Fakultäten, deren Inhaber nur mit kirchlichem Placet berufen werden können, sind ein Attentat auf die Wissenschaftsfreiheit! Sie stellen nicht nur einen schweren und durch nichts zu rechtfertigenden Eingriff in die Autonomie der Wissenschaften dar, sondern privilegieren die Kirchen vor allen anderen gesellschaftlichen und politischen Gruppen in unerträglicher Weise."[324] Diese Lehrstühle verstoßen nach Meinung von Neumann gegen das Grundgesetz für die BRD und sind deshalb aufzuheben.

Die These zum *Religionsunterricht* lautet: „Es ist nicht Aufgabe des religionsneutralen Staates, in einem von ihm verantworteten Unterricht religiöse oder weltanschauliche Unterweisung zu betreiben. Der Religionsunterricht an öffentlichen Schulen ist abzuschaffen (ggf. durch einen ´kircheneigenen´ Religionsunterricht zu ersetzen).

Ein Religionsunterricht nach den Grundsätzen der Religionsgemeinschaften ist am religiösen Bekenntnis ausgerichtet. Da zu ihm niemand gezwungen werden kann, ist auch der Zwang zu einem Ersatz unzulässig.

Wenn der Staat einen Ethik-, Religionskunde- Lebenskunde oder Philosophieunterricht einrichtet, muß er ihn ausnahmslos allen SchülerInnen

---

[323] Trennung von Staat und Kirche. Thesen erstellt von einer Expertengruppe der Humanistischen Union 1995. Kapitel 3 von Johannes Neumann, Professor für Staatskirchenrecht.
[324] A. a. O. S. 33.

anbieten. Inhaltlich werden hierbei freilich zahlreiche Zweifelsfragen auftreten."[325]

Die grundgesetzliche Regelung im Artikel 4 Absatz 1, der die Freiheit des Glaubens, des Gewissens und die Freiheit des religiösen und weltanschaulichen Bekenntnisses als unverletzlich erklärt, verpflichtet den Staat sich in *allen* religiösen und weltanschaulichen Fragen *absolut neutral* zu verhalten. Eine Ausnahme bildet Artikel 7 Absatz 3, der den Religionsunterricht an öffentlichen Schulen mit Ausnahme der bekenntnisfreien Schulen zu einem ordentlichen Lehrfach macht.

Mit diesem „Fossil aus alten Zeiten" wird die Nähe von Staat und Kirche in einen völlig anderen Zusammenhang gebracht, als den das Grundgesetz für die BRD zum Ausdruck bringen sollte. Allein der Artikel 7 Absatz 2 macht den gravierenden Widerspruch deutlich, der den Erziehungsberechtigten das Recht einräumt, über die Teilnahme ihres Kindes am Religionsunterricht zu bestimmen. [326] „Die automatische Vereinnahmung der Eltern samt ihrer Kinder durch den Staat zugunsten des großkirchlichen Religionsunterrichts widerspricht eindeutig der Verfassung"[327] (dem Grundgesetz für die BRD).

Erwin Fischer hat in sehr sorgsamer und differenzierter Analyse nachgewiesen, weshalb die Ablehnung des öffentlichen Religionsunterrichts weder Ausdruck von Kirchenfeindlichkeit noch eine totale Absage an den Religionsunterricht überhaupt darstellt.[328]

Der Staat finanziert nicht nur den Religionsunterricht, ausschließlich aus Steuergeldern, sondern besonders die Ausbildung von ReligionslehrerInnen der christlichen Großkirchen.

Wie umstritten der Artikel 7 des Grundgesetzes für die BRD ist, zeigt sich z.B. darin, dass es zweiundsiebzig (72) Entscheidungen des Bundesverfassungsgerichts gibt.[329] Dabei handelt es sich u.a. um: Simultanschule, die negative und positive Religionsfreiheit betreffend (17.12.1975); Sexualkundeunterricht (21.12.1977); Schulgebet (16.10.1979); Privatschulfinanzierung I (08.4.1987); Muslimin im Sportunterricht (25.8.93); Kruzifix (16.5.1995); Integrative Beschulung (8.10.1997); Ethikunterricht

---

[325] A. a. O. S. 34.

[326] Vgl. a. a. O..

[327] A. a. O. S. 35.

[328] Fischer, Erwin   Volkskirche ade! Die Gefährdung Religions- und Weltanschauungsfreiheit in der Bundesrepublik Deutschland. Vierte Auflage Berlin – Aschaffenburg 1993, S. 117 ff.

[329] Rechtsprechungsübersichten: http:// dejure.org/Gesetze/GG/7.html Stand: 23.3.2011.

(17.6.1998); Islamischer Religionsunterricht in Berlin (23.02.2000);kopftuchtragende Lehrerin (04.7. 23002, 24.9.2003).

Am Beispiel der Entscheidung zum Verfahrenskomplex Lebensgestaltung-Ethik-Religionskunde (LER)[330] zum § 9 und § 141 Brandenburgischen Schulgesetz soll verdeutlicht werden, um welche Art von Problemen nach Anschluss der DDR es sich handelt.

Die Kirchen und Religionsgemeinschaften erhielten mit diesem Gesetz das Recht, in Schulräumen die Schüler entsprechend ihres christlichen Bekenntnisses zu unterrichten.

Der Hinweis auf ein „ordentliches Lehrfach" im Sinne des Artikels 7 Absatz 3 Satz 1 GG für die BRD unterblieb.

Die CDU/CSU-Fraktion des Bundestages, drei Bistümer der katholischen Kirche und von der Evangelischen Kirche Berlin-Brandenburg sowie „zahlreichen katholischen und evangelischen Eltern und Schülern"[331] legten Verfassungsbeschwerden ein bzw. beantragten Normenkontrolle.

Unter Hinweis auf Artikel 141 GG der lautet: „Artikel 7 Absatz 3 Satz 1 findet keine Anwendung in einem Lande, in dem am 1. Januar 1949 eine andere landesrechtliche Regelung bestand"(sogenannte Bremer Klausel), vertrat das Bundesverfassungsgericht die Ansicht, dass dieser Artikel 141 für das Land Brandenburg nicht gilt, weil „eine ungebrochene Identität" des Landes als Rechtssubjekt nicht vorliegt.[332]

Unter Hinweis auf die Verfassung des Landes Brandenburg vom 6. Februar 1947, in der die Erteilung von Religionsunterricht in Räumen der Schule gewährleistet wurde führte das Bundesverfassungsgericht aus: „Nach der Verfassung der Deutschen Demokratischen Republik von 1949 war der Religionsunterricht Angelegenheit der Religionsgemeinschaften. Bis 1967 fand er noch in den Räumen der Schule statt. Nach 1967 wurde der Religionsunterricht in der Verfassung der DDR nicht mehr erwähnt; die Kirchen nahmen die christliche Unterweisung in kircheneigenen Räumen und außerhalb der Schulzeit vor."[333]

Angemerkt muss werden, dass „*nach 1967*" es die Verfassungen von 1968 und ihre Änderungen von 1974 gab. Im Jahre 1967 galt nach die Verfassung aus dem Jahre 1949!

---

[330] Grundlage bildet die Pressemitteilung des Bundesverfassungsgerichts Nr. 62/2001 vom 11. Juni 2001
[331] Ebenda. Seite 1 . Hervorhebung: K.E.)
[332] Ebenda. Seite 2.
[333] Ebenda.

Der Artikel 43 der 49er DDR-Verfassung *es besteht keine Staatskirche*, bzw. Artikel 44 Satz 3 und 4 *niemand darf gezwungen oder gehindert werden Religionsunterricht zu erteilen. Über die Teilnahme am Religionsunterricht bestimmen die Eltern,* und die anderen Regelungen blieben (wie selbstverständlich) vom Bundesverfassungsgericht unbeachtet. Dafür wurde die *gebrochene Identität* des Landes Brandenburg bemüht.

11. Staatsleistungen (Bundes- bzw. Landeszuschüsse) an die Kirchen

Staatsleistungen werden ohne jegliche Zweckbestimmung und ohne Nachweis oder Verwendungsprüfung gewährt. Nach neuesten Angaben beläuft sich nach den Haushaltplänen der Länder der BRD die Summe der Staatsleistungen im Jahre 2010 „an die Diözesen und die in der EKD zusammengeschlossenen Landeskirchen auf 461, 5 Millionen Euro; davon entfallen auf die katholische Kirche rd. 193 Millionen Euro, auf die evangelische Kirche rd. 268 Millionen Euro. Wohlgemerkt: Die Rede ist hier von Staatsleistungen zur Unterstützung der kirchlichen Religionsgemeinschaft als solcher. Zu den (hier genannten – K.E.) Staatsleistungen zählen nicht die Subventionen, Zuwendenden, Entgelte oder Finanzhilfen, die der Staat darüber hinaus den Kirchen bzw. kirchlichen Einrichtungen zahlt, weil oder damit diese einen bestimmten, nach staatlichen Maßstäben förderungswürdigen Zweck sozialer, kultureller, entwicklungs- oder bildungspolitischer Art erfüllen."[334]

Wie schwer und kompliziert es ist, exakte Zahlen für bestimmte Zeiten bzw. Zeiträume von den zuständigen Bundes-und Landesbehörden und Landesparlamenten zu erhalten, wird beschrieben.[335]

Nicht unbeachtet muß bleiben, dass gemäß Artikel 138 der Weimarer Reichsverfassung von 1919, der gemäß Artikel 140 des Grundgesetzes für die BRD integraler Bestandteil wurde, die Abschaffung aller Staatsleistungen bestimmt wurde.[336]

---

[334] Haupt, Johann-Albrecht „Nichts wissen und nichts wissen wollen". Bemühungen der Humanistischen Union um eine Bestandsaufnahme der Staatsleistungen an die Kirchen. In: Mitteilungen der Humanistischen Union e.V. Nr.212 März 2011

[335] Vgl. a.a.O. Seite 2 bis 4.

[336] Der Artikel 138 WRV lautet: (1) Die auf Gesetz, Vertrag oder besonderen Rechtstiteln beruhenden Staatsleistungen an die Religionsgesellschaften werden durch die Landesgesetzgebung abgelöst. Die Grundsätze hierfür stellt das Reich auf. (2) Das Eigentum und andere Rechte der Religionsgesellschaften und

Czermak spricht von einer *Ablösegesetzgebung,* die längst überfällig ist und den bis in die heutige Zeit währenden Grundgesetzverstoß beenden würde. Deshalb dürfe es auch nicht verwundern, wenn die Kirchen die *Staatsleistungen mit Zähnen und Klauen* verteidigen. Nach Meinung Czermaks „verstoßen zahlreiche Regelungen in Staats-Kirche-Verträgen, die ja jeweils in Landesgesetze `transformiert´ wurden, gegen das GG, insbesondere in den neuen Bundesländern. Aber in der Vertragsmaterie hat ja der Grundsatz `Im Zweifel für die Kirche´ einen geradezu klassischen Standort"[337]

Von den Kirchen wird häufig in der Öffentlichkeit bewußt der unzutreffende Eindruck erweckt, „ihre karitativ-sozialen Anstrengungen würden aus Kirchensteuergeldern (allein – K.E.) finanziert. Dies aber trifft nur sehr partiell zu." Heutzutage kann errechnet werden, dass für diese Leistungen nur noch etwa 10 Prozent des *gesamten Kirchenhaushaltes* aufgewandt werden.[338]

Zu den „kirchlichen Finanzquellen" gibt die EKD an[339] „Die Kirchensteuer stellt die Hauptfinanzierungsquelle kirchlicher Tätigkeiten dar und macht entsprechend der jeweiligen Finanzkraft einer Landeskirche – ca. 30 bis 80 Prozent der Einnahmen des landeskirchlichen Haushalte aus. Mit ihr finanziert die Kirche über ihre Kernaufgabe (Seelsorge und Verkündigung) hinaus, Aus- und Weiterbildung, Schulen und Akademien, Jugend- und Frauenarbeit, Telefon- und Krankenhausseelsorge, Öffentlichkeitsarbeit, Publizistik, Mission und Ökumene, Entwicklungshilfe, diakonische Arbeit und so weiter.
Hinzu kommen der Unterhalt von kirchlichen Gebäuden, die kirchliche Verwaltung, Kosten von Versicherungen und anderes mehr."
Grundsätzlich werden die außersteuerlichen und die steuerlichen Finanzierungsquellen unterschieden. Die steuerlichen Quellen sollen hier unberücksichtigt bleiben.
Die *außersteuerlichen* Finanzierungsquellen sind:
„- Spenden, Kollekten, Stiftungen, Nachlässe und Schenkungen (so genannte widmungswirtschaftliche Einnahmen)
-Gemeindebeiträge

---

religiösen Vereine an ihren Kultus-,Unterrichts- und Wohtätigkeitszwecke bestimmten Anstalten, Stiftungen und sonstigen Vermögen werden gewährleistet.
[337] Czermak, Gerhard Religion und Weltanschauung in Gesellschaft und Recht. Ein Lexikon für Praxis und Wissenschaft. Aschaffenburg 2009 Seite353: f.
[338] Vgl. Walf, Knut Statement Kirchenfinanzierung. In: http://www.humanistische-union.de/themen/srw/huschrift18/referat_walf/ abgerufen 25.04.2010 Seite 2
[339] http://www.ekd.de/kirchenfinanzen/506.html abgerufen am 28.3.2011.

-Gebühren nach innerkirchlichem Gebührenrecht (so genannte hoheitswirtschaftliche Einnahmen)

-Beiträge als Geldleistungen zur teilweisen oder vollen Deckung von Aufwendungen für die Inanspruchnahme kirchlicher Einrichtungen (z.B. Kindergärten)

-Privatwirtschaftliche Einnahmen (z.B. Vermögenserträge aus Grundbesitz, Zinsen etc.)

-Staatsleistungen und so genannte negative Staatsleistungen (bestimmte gesetzliche Steuer-und Gebührenbefreiungen)."[340]

Im Folgenden soll nur auf das Letztgenannte- die direkten Staatsleistungen, die sich in den Bundes- und Landeszuschüssen ausdrücken, eingegangen werden. Das geschieht unabhängig von der Art der Religionsgemeinschaft und konzentriert sich auf die Länder der ehemaligen DDR.

Die Bundeszuschüsse

für die Förderung der jüdischen Gemeinschaft, der christlich-jüdische Zusammenarbeit sowie für den interreligiösen und interkulturellen Dialog betrugen im Jahre 2002 2,916 Millionen, im Jahre 2004 5,493 Millionen Euro.

Die Zuschüsse zur Vorbereitung und Abwicklung von Kirchentagen betrug im Jahre 2002 205 Tausend Euro, im Jahre 2004 waren es 448 Tausend €uro.

Die soziale und kulturelle Förderung ließ sich der Bund aus Steuergeldern im Jahre 2002 8,756 Millionen Euro, im Jahre 2004 8,730 Millionen Euro kosten.

Die Bundeszuschüsse an die Kirchen nehmen sich recht bescheiden aus.

Die Landeszuschüsse

gegliedert nach den neuen Ländern betrugen die direkten (offenen) Zuschüsse und Staatsleistungen (Dotationen) :

---

[340] Ebenda.

In Berlin im Jahre 1998 (umgerechnet in Euro) 57Millionen 541.248,00 €, im Jahre 2007 122 Millionen 865.896,00 €.[341]

Diese Gesamtleistungen errechnen sich aus den Zuschüssen an die evangelische, katholische, altkatholische Kirche, anerkannte religiöse Körperschaften, sonstige Religions- und Weltanschauungsgemeinschaften, für kulturelle Betreuung, Religions-und Weltanschauungsunterricht, an kirchliche Fachhochschulen und für kirchliche Privatschulen.

Die evangelische Kirche erhielt z.B. im Jahre 2007 7,703 Millionen Euro, die katholische Kirche im gleichen Jahr 2,831 Millionen Euro.

Der Humanistische Verband Deutschlands (Landesverband Berlin) erhielt als Zuwendung 580 Tausend Euro.
Der Zuschuss für den Religions-und Weltanschauungsunterricht betrug im Jahre 2007 46 Millionen 657 Euro. Für die Privatschulen des Konsistoriums der Evangelischen Kirche betrug der Zuschuss im Jahre 2007 16 Millionen 689.868,00 €.
Für das evangelische Canisius-Kolleg (Gymnasium) belief sich der Zuschuss im Jahre 2007 auf 3 Millionen 402.057,00 €. Die Schulen des Erzbischöflichen Ordinariats (im Ostteil) der Katholischen Kirche erhielten im Jahre 2007 einen Landeszuschuss von 4 Millionen 188.809,00 €.

In Brandenburg betrug die Gesamtsumme der direkten Leistungen und Zuschüsse z.B. im Jahre 2000 über 12 Millionen 476 Euro, im Jahre 2006 über 17 Millionen 307 Euro.

Es handelt sich um Zuschüsse an die evangelische und katholische Kirche, an sonstige Religionsgemeinschaften, Weltanschauungsvereinigungen, die Katholische Kirchengemeinde Neuzelle, Investitionen der Kirchen (Bauleistungen), den Domstift Brandenburg, Religionsunterricht und Anstaltsseelsorge. Für den evangelischen und katholischen Religionsunterricht wurden im Jahre 2006 insgesamt 2.873.200,00 € als Zuschuss gewährt. Für die evangelische Seelsorge (insgesamt 7 hauptamtliche Pfarrer) erfolgt keine

---

[341] *Alle folgenden* Zahlen aus; Staatsleistungen (Dotationen) und Zuschüsse an die christlichen Kirchen. Arbeitsgemeinschaft Trennung Staat/Kirche veröffentlicht: Internet: http://www.arbeitsgemeinschaft-trennung-staat-kirche.de/Staatsleistungen%20an%20 abgerufen am 25.04.2010 im Umfang von 110 Seiten. Seite 47 ff.,53,Staatsleistungen und Subventionen. Internet: http://www.kirchensteuern.de/Texte/Staatsleistungen.htm Abgerufen am 25.4.2010.

Veranschlagung der Versorgungsbezüge. Für katholische Seelsorge waren es im Jahre 2006 539.800,00 €.

In Sachsen wird die Gesamtsumme direkter Leistungen und Zuschüsse des Landes im Jahre 2003 mit fast 24, 652 Millionen Euro, im Jahre 2006 mit 27,03 Millionen Euro angegeben. Diese Summe ergibt sich aus den Zuschüssen für die evangelische und katholische Kirche sowie den Religionsunterricht beider Konfessionen.[342]

In Sachsen-Anhalt betrugen die Zuschüsse an die evangelischen Gliedkirchen im Jahre 2006 21,765 Millionen Euro, für die Katholische Kirche im gleichen Jahr 4,479 Millionen. Diese Zuschüsse ergaben sich für kirchliche Veranstaltungen, Förderung von kirchlichen Akademien, Religionsunterricht, kirchliche Stiftungen, Familienförderverbände in christlicher Trägerschaft.[343]

In Thüringen betrugen die Staatsleistungen für die Evangelische Landeskirche im Jahre 2007 14,9 Millionen Euro, für die Katholische Kirche im Jahre 2007 4,6 Millionen Euro.[344]

12. Beispiel Mecklenburg-Vorpommern

Die Landeszuschüsse sollen im Folgenden beispielhaft anhand des Vertrages des Landes mit der evangelischen Kirche[345] erläutert werden.

Die Präambel betont, dass das Grundgesetz für die BRD und die Verfassung des Landes als Grundlage der gewährleisteten Stellung der Kirchen im freiheitlich und demokratischen Rechtsstaat sind.

In Anknüpfung und Fortentwicklung, besonders der Verträge vom 2. Mai 1930 und vom 11. Mai 1931; im Respekt vor der Religions- und Glaubensfreiheit des einzelnen und in Anerkennung des Selbstbestimmungsrechts der Kirchen; im Bewußtsein der Unterschiedlichkeit des geistlichen Auftrages der Kirchen und der weltlichen Aufgaben des Staates; in der Überzeugung, dass die Trennung von Staat und Kirche gleichermaßen Distanz und Kooperation gebietet; in Würdigung der Bedeutung, die christlicher Glaube, kirchliches Leben und

---

[342] Alle Zahlen a.a.O. Seite 86 f.

[343] A.a.O. Seite 87 bis 89.

[344] A.a.O. S. 92.

[345] Vertrag zwischen dem Land Mecklenburg-Vorpommern und der Evangelisch-Lutherischen Landeskirche Mecklenburgs und der Pommerschen Evangelischen Kirche vom 20. Januar 1994 (Güstrower Vertrag):In: Gesetz-und Verordnungsblatt M-V 1994 Nr.12 S. 560-563.

diakonischer Dienst auch im religiös neutralen Staat für das Gemeinwohl und den Gemeinsinn der Bürger haben, wurde dieser Vertrag abgeschlossen.

Im Mittelpunkt der Bemerkungen stehen die *materiellen Leistungen* (Staatsleistungen) des Landes Mecklenburg-Vorpommern.

Die hier einschlägigen Artikel haben folgenden Wortlaut:

Artikel 12

(1) Das Land erfüllt durch Staatsleistungen an die Kirchen seine Verpflichtungen gemäß Artikel 140 des Grundgesetzes und Artikel 9 Abs. 1 der Verfassung des Landes Mecklenburg-Vorpommern in Verbindung mit Artikel 138 Abs.1 der deutschen Verfassung vom 11. August 1919.

(2) Die Staatsleistungen bestimmen sich nach den Artikeln 13 bis 15 dieses Vertrages.

(3) Die Kirchen einigen sich über die Verteilung der Staatsleistungen untereinander. Sie teilen das Ergebnis der Landesregierung mit.

Artikel 13

(1) An die Stelle aller bisherigen kirchlichen Ansprüche aus den staatlichen Patronaten tritt eine hälftige Beteiligung des Landes an den Baulasten solcher kirchlichen Gebäude, die bislang dem Patronat unterstanden.

(2) Die Verpflichtung des Landes nach Absatz 1 wird durch eine pauschale jährliche Zahlung abgegolten. Das Land zahlt jährlich 7 Millionen Deutsche Mark in monatlichen Raten, erstmals für das Jahr 1994. Nach fünf Jahren überprüfen die Vertragspartner gemeinsam diesen Betrag. Sie berücksichtigen dabei den Bedarf und ihre Haushaltslage.

(3) Die Kirchen beteiligen sich an den Baulasten mindestens mit dem gleichen Betrag wie das Land.

Artikel 14

(1) Das Land zahlt den Kirchen anstelle aller früher gewährten Dotationen für Kirchenleitungen, Pfarrerbesoldung und Pfarrerversorgung sowie anstelle aller

anderen, auf besonderen Rechtstiteln beruhenden Zahlungen, einen Gesamtzuschuß.

(2) Der Gesamtzuschuß beträgt jährlich 13 Millionen Deutsche Mark und wird in monatlichen Raten gezahlt, erstmals für das Jahr 1994.

(3) Ändert sich die Besoldung der Beamten im Landesdienst, so ändert sich der Gesamtzuschuß entsprechend. Als Berechnungsgrundlage dient das Eingangsamt für den allgemeinen Verwaltungsdienst (Besoldungsgruppe A 13 des Bundesbesoldungsgesetzes, 7. Dienstaltersstufe, 2 Kinder)

Artikel 15

Zur Abgeltung aller sonstigen vermögenswerten Ansprüche der Kirchen und ihrer Gliederungen, die nicht in diesem Vertrag oder in allgemeinen Gesetzen begründet sind, zahlt das Land den Kirchen einmalig 13 Millionen Deutsche Mark in fünf gleichen Jahresraten, beginnend im Jahr 1994.

Artikel 16

Auf Landesrecht beruhende Befreiungen und Ermäßigungen von Steuern und Gebühren für das Land gelten auch für die Kirchen, ihre Kirchengemeinden und Gliederungen.

Von besonderem Interesse im gegebenen Zusammenhang mit dem Buch sollte sein, dass bei Unterzeichnung des Vertrages von 1994, am 20. Januar 1994 in Güstrow, weder der Ministerpräsident Seite noch die Bischöfe Stier und Berger[347] in ihren Reden mit keiner Silbe, direkt auf die Staatsleistungen des Landes Mecklenburg-Vorpommern, eingingen.

Ministerpräsident Seite konnte es sich nicht verkneifen, die Beziehungen Staat/Kirche in der DDR als nicht rechtlich und vor allem als nicht rechtstaatlich geordnet zu bezeichnen.
Diese Beziehungen waren „zwiespältig und gebrochen. Die offizielle Staatsideologie war kämpferisch und atheistisch. Ihr stand auf der halb offiziellen Ebene eine förmliche Neutralität des Staates zur Kirche gegenüber. Es gab eine gewisse Duldung, ja sogar eine begrenzte Förderung.[348] Aber sonst

---

[347] Landesbischoff der Evangelisch-Lutherischen Landeskirche Mecklenburgs Christoph Stier und Bischof der Pommerischen Evangelischen Kirche Eduard Berger.

[348] Unter Berufung auf Zahlenangaben der Humanistischen Union wird angegeben, dass die DDR während ihres Bestehens insgesamt 630 Millionen DDR-Mark an die Kirchen zahlte. !"Studie: 14 Milliarden Euro Staatsleistung an die Kirchen" Seit 1945/Humanistische Union fordert Zahlungsstopp. In: FAZ 18.4.2011 Seite 4.

erlebten wir die alltägliche Benachteiligung der bekennenden Christen. Wir sahen die Schikanen in der Schule unserer Kinder. Wir spürten die versteckte, zeitweise sogar offene Verfolgung des kirchlichen Lebens.

Die SED und ihre Helfershelfer versuchten alles, um die Kirche als letzte selbstbestimmte Gruppe kleinzukriegen, wenn möglich kaputtzumachen. Weil das nicht gelang, versuchte der Staat, die Kirchen zurückzudrängen und sie auf die Fürsorge für Alte, Schwache und Behinderte zu reduzieren. " [349]

Die allgemein verwandten Floskeln und Phrasen von Herrn Seite sollen etwas hinterfragt werden: Was ist eine *halboffizielle Ebene*, der *eine förmliche Neutralität des Staates* gegenüberstand? Worin bestand die *gewisse Duldung sogar eine begrenzte Förderung*? Worin bestand *die alltägliche Benachteiligung der bekennenden Christen, die Verfolgung kirchlichen Lebens?*

An anderer Stelle führte er aus, das sich Menschen in der Kirche auf Gott und die Bibel berufen konnte. „das machte sie immun gegen Marx und das Kommunistische Manifest" unter Hinweis auf die Präambel des Vertrages bezeichnete er die DDR als ein „System ohne Gott und Gesetz". [350] Auf die selbstgestellte Frage nach Staatsleistungen verwies er ebenfalls auf die Präambel des Vertrages, in der *nichts* zu den Staatsleistungen *direkt* ausgesagt wurde. [351]

Mit der Aussage, dass „die christliche Lehre von der Gottähnlichkeit des Menschen ... eine der sichersten Grundlagen für die Wahrung der Menschenwürde" sei, läßt der Ministerpräsident und langjährige Synodale der Evangelischen Kirche jegliche gebotene Distanz zwischen seiner Staats-Funktion und dem Glauben und damit die strikte Trennung von Staat und Kirche vermissen. [352]

Es ist geradezu verblüffend, mit welchen Argumenten der Ministerpräsident die „Kooperationsverpflichtungen" aus dem Kirchenvertrag als das Setzen neuer Akzente ummodelt und den Vertrag als „gute Grundlage für unserer gemeinsame Arbeit am weiteren Ausbau" des Landes Mecklenburg-Vorpommern bezeichnet. [353]

Um welche neuen Akzente es sich handelt, wird nicht erläutert. Lediglich die Kürze und Verständlichkeit dieses *umfassenden* Werkes wird hervorgehoben.

---

[349] Rede des Ministerpräsidenten Dr. Bernd Seite bei der Unterzeichnung des Evangelischen Kirchenvertrages. In: Vertrag zwischen dem Land Mecklenburg-Vorpommern und der Evangelisch-Lutherischen Landeskirche Mecklenburgs und der Pommerschen Evangelischen Kirche vom 20. Januar 1994,. Levenhagen, Januar 1995 Seite 29.
[350] Ebenda Seite 29 f.
[351] Vgl. a.a.O. Seite 31
[352] Ebenda.
[353] A. a. O. Seite 32.

Wahrscheinlich gibt es *zum* o. gen. Vertragstext noch vertrauliche Ergänzungen bzw. Erläuterungen, die nicht öffentlich gemacht wurden, weil es den Bürgerinnen und Bürgern, die in einem „System ohne Gott und Gesetz", der DDR, leben mussten, nicht zugemutet werden konnte?

Landesbischof Stier hob in seiner Rede[354] hervor, dass der Vertrag mit langer zeitlicher Verzögerung (ein dreiviertel Jahrhundert) einen *Auftrag* der Weimarer Reichsverfassung von 1919 einlöst, indem das „Staatskirchentum" beendete und die rechtlichen Beziehungen zwischen Staat und Kirche der Landesgesetzgebung übertrug. Der Einfluss christlicher Wertvorstellungen auf die Gesellschaft ging in diesem Zeitraum aus unterschiedlichen Gründen zurück. Auch der hier vorliegende Vertrag kann diese Entwicklung nicht rückgängig machen. Nach Meinung des Bischofs gilt es," dem falschen Eindruck vorzubeugen, die Kirche wolle sich mit Hilfe des Staates Vorteile und Privilegien verschaffen. Die Kirche ist eine Institution in der Gesellschaft, eine Körperschaft öffentlichen Rechts, wie die Weimarer Verfassung und mit ihr das Grundgesetz und die Landesverfassung festhalten. Dieser Status ist kein Privileg. Er bindet an Rechte und Pflichten…Alle, die in der DDR bewußt als Christen lebten, haben ein waches Gespür dafür, was es im positiven Sinne heißen kann, Kirche ohne Privilegien zu sein….Ein authentisches christliches Leben ist nicht auf Zulassungen und Zuweisungen angewiesen…"[355] Trotz staatlicher Willkür in der DDR sei die Existenz der evangelischen Kirche „nie ernsthaft gefährdet gewesen. "[356] Nach Meinung des Bischofs öffnet der Vertrag Türen und prägt ein neues „Verhältnis von Staat und Kirche, das von selbstbewußter Eigenständigkeit, von deutlicher Unterscheidung und von partnerschaftlicher Zusammenarbeit geprägt ist."[357]

Bischof Berger[358] von der Pommerschen Evangelischen Kirche führte aus: „Der christliche Glaube ist keine Privatsache. Vielmehr ist er gerade dann auf der

---

[354] Rede des Landesbischofs der Evangelisch-Lutherischen Landeskirche Mecklenburgs, Christoph Stier, bei der Unterzeichnung des Evangelischen Kirchenvertrages. In: : Vertrag zwischen dem Land Mecklenburg-Vorpommern und der Evangelisch-Lutherischen Landeskirche Mecklenburgs und der Pommerschen Evangelischen Kirche vom 20. Januar 1994,. Levenhagen, Januar 1995 Seite 33 bis 36.

[355] A. a. O. Seite 34.
[356] A. a. O. Seite 35.
[357] A. a. O. Seite 36.
[358] Rede des Bischofs der Pommerschen Evangelischen Kirche, Eduard Berger, bei der Unterzeichnung des Evangelischen Kirchenvertrages. In: : Vertrag zwischen dem Land Mecklenburg-Vorpommern und der

Höhe der Zeit und den großen Problemen, die vor uns stehen, gewachsen, wenn er das Ganze der Gesellschaft in Blick nimmt und für das Ganze wirkt. Er erschöpft sich freilich nicht darin, nützlich für das Zusammenleben und die Arbeit in Wirtschaft, Politik und Bildung zu sein. Zu tief wissen Christen, wie begrenzt und gefährdet diese Bereiche sind. Der Glutkern christlichen Glaubens ist und umfaßt mehr als die Teilbereiche menschlichen Lebens. Aus diesem Mehr zieht er seine Kraft, und er befähigt Menschen auch dazu, in den Grenzen von Zeit, Raum und Geschichte zu wirken."[359]

Ohne auf die Inhalte dieser Redepassage näher einzugehen, sei es aber erlaubt zu bemerken, dass die Formulierung, dass der *christliche Glaube keine Privatsache* sei, dem Grundgesetz für die BRD (besonders Artikel 4) widerspricht. Es gehört zu den elementaren Grundsätzen der Grundrechte, dass die Religions- und Weltanschauungsfreiheit nicht für irgendeine imaginäre Gesellschaft, sondern für den einzelnen Menschen gilt.

Der christliche Glaube, auch an einen Gott, die „Rückkehr des Allmächtigen" oder an einen anderen Mammon, an ein Leben nach dem Tod, an die Erschaffung der Welt in sieben Tagen, an Teufel und Engel ist sehr wohl Privatangelegenheit!

Bischof Berger fährt in seiner Rede fort, es verstehe „sich von selbst, daß wir (gemeint ist die Pommersche Evangelische Kirche- K.E.) keine Verkirchlichung der Gesellschaft im Sinne haben und auch keine kirchlichen Partikularinteressen verfolgen. Privilegien stehen uns nicht zu, und wir erstreben sie auch nicht. Aber wir freuen uns des klaren und tragfähigen Rechtsbodens, der mit diesem Vertrag gelegt wird."[360]

Wie der *klare und tragfähige Rechtsboden*, selbstverständlich nicht als Privilegien benannt, aussieht, zeigen die oben genannten Landeszuschüsse der Artikel 12 bis 16 des „Güstrower Vertrages" vom 20. Januar 1994.

Zwei Jahre früher hat der damalige Kultusminister Mecklenburgs-Vorpommerns, Oswald Wutzke, vor dem Landtag klarstellt, was er als Pfarrer in der DDR empfunden hat und wie zwiespältig die Beziehungen zwischen Staat und Kirche aus seiner Sicht waren.

Evangelisch-Lutherischen Landeskirche Mecklenburgs und der Pommerschen Evangelischen Kirche vom 20. Januar 1994,. Levenhagen, Januar 1995 Seite 37 bis 39.

[359] A. a. O. Seite 37.
[360] Ebenda.

Im Originalton heißt es: „Ich war Opfer und Täter zugleich. Ich war ein Täter in dieser Zeit, weil ich nicht genug bekannt, nicht genug geliebt und nicht genug geglaubt habe. Ich stelle mich zu dem Schuldbekenntnis der Kirchen nach dem Kriege 1945, zum Stuttgarter Schuldbekenntnis. Ich, Oswald Wutzke, war auch ein Täter, wenngleich ich sagen könnte, ich habe 1985 auf der Synode die DDR als einen Verbrecherstaat bezeichnet. Ich habe es in Greifswald getan und in allen Orten.

Es war so, daß meine Kirchenobrigen mich gebeten hatten, ich solle mich beim Staat für diese Worte entschuldigen. Ich danke Gott, ich habe mich nicht dafür entschuldigt, aber ich bin ein Täter. Ein Täter, weil ich doch, obwohl ich vieles mußte, dieses Regime habe hinnehmen lassen, weil ich doch zu schwach und zu klein war, zu wenig bekannt, zu wenig geliebt und zu wenig geglaubt habe.
Deshalb kann ich aber auch nicht hinnehmen, wenn wir als Menschen bezeichnet werden, die Nutten und Huren sind.
(Beifall bei SPD und CDU)
Das sind wir nicht, meine Damen und Herren. Jeder in seiner Position konnte das Seine zu tun, und ich weiß, wenn ich nicht protestantischer Pastor gewesen wäre, hätte ich auch nicht die Freiheit und Möglichkeit gehabt, so zu sprechen und so handeln. Ich danke Gott, daß ich nie zur Wahl gegangen bin, aber ich weiß, ich wäre zur Wahl gegangen, wenn ich in einem anderen Beruf gewesen wäre.

(Beifall bei der CDU)
… Ich bin nun nicht mehr protestantischer Pfarrer, aber ich bin ein Protestant. Seien Sie mit mir durch die Konfession und durch die Fraktion hinweg Protestanten, die immer dann protestieren, wenn heute und morgen wieder neues Unrecht geschehen sollte. In dieser gemeinsamen Arbeit nicht nur mit der Vergangenheit fertig zu werden, sondern mit der Ungerechtigkeit auch heute und morgen, dazu lade ich Sie ein. Ich war also Opfer, ich war noch vielmehr Täter.- Ich danke Ihnen.
(Beifall bei CDU, F.D.P. und Dr. Timm SPD)“[361]

Nicht unerwähnt soll bleiben, dass auch das Bundesverfassungsgericht zu einem klaren und tragfähigen Rechtsboden mit seinen Entscheidungen beitrug.
Ständige Leitsätze des Bundesverfassungsgerichts sind:

---

[361] Landtag Mecklenburg-Vorpommern Plenarprotokoll 1/40 vom 15. Januar 1992 Seite 1967 f.

1. Das Grundgesetz für die BRD legt „dem Staat als Heimstatt aller Staatsbürger ohne Ansehen der Person weltanschaulich-religiöse Neutralität auf. Es verwehrt die Einführung staatskirchlicher Rechtsformen und untersagt auch die Privilegierung bestimmter Bekenntnisse."[362]

2. „Nach dem Grundgesetz gewährleistet die Glaubensfreiheit dem Einzelnen einen von staatlicher Einflußnahme freien Rechtsraum, in dem er sich die Lebensform zu geben vermag, die seiner Überzeugung entspricht; mag es sich dabei um ein religiöses Bekenntnis oder eine irreligiöse-religionsfeindliche oder religionsfreie Weltanschauung handeln".[363]

Diese Leitsätze des Bundesverfassungsgerichts bestätigen die grundsätzliche Trennung von Staat und Kirche des Grundgesetzes für die BRD mit Ausnahme von Religionsunterricht und Kirchensteuer.

Es ist natürlich etwas völlig anderes, wenn der Vorsitzende der Bundestagsfraktion der CDU/CSU, im aktuellen Zusammenhang mit der Rolle des Islam in der BRD und der Präimplantationsdiagnistik (PID), jeden Menschen als „Ebenbild Gottes" und die freie Ausübung der Religion als „besonderes Menschenrecht" darstellt.[364]

Schlink[365] setzt sich mit den Debatten im Bundestag über die PID auseinander in denen es darum geht, ob diese Diagnostik „völlig verboten oder auf die eine oder andere Weise ein bisschen erlaubt werden soll." Er schlussfolgert, dass mit den Debatten im Bundestag zur PID zwar große Worte und ein hoher Ton angeschlagen wird, aber eine Entscheidung der Eltern „über Zeugung, Schwangerschaft und Geburt … gar nicht zur Sprache kommen. Die Ungereimtheiten des Lebens- und Würdeschutzes werden die Abgeordneten bei ihren Reden aussparen, und sie werden die Eltern aussparen- oder sie als Karikatur vorführen, vor der die Embryonen zu schützen sind." Prinzipiell geht es, auch hier stimme ich Schlink zu, um den „Kampf um den Schwangerschaftsabbruch" um die Entscheidung der Eltern, insbesondere der Frauen, ob sie ein Kind haben wollen oder nicht.

---

[362] BverfGE 19, 206/286.
[363] BverfGE 12, 1/3; 33, 23/28; 44, 38/49.
[364] Kauder, Volker Spiegelgespräch 3/2011 Seite 26
[365] Schlink, Bernhard Die Würde in vitro. Zur Debatte des Bundestages um die Präimplantatonsdiagnistik. In: DER SPIEGEL Nr. 25 Seite 30 f. vom 20.6.11 Seite 30 f.

Ein anderes Diskussionsfeld:

Aus der weltanschaulich-religiösen Neutralität der BRD und dem Untersagen der Privilegierung bestimmter Glaubensbekenntnisse, wie das Bundeverfassungsgericht formuliert, antwortet Kauder auf die Frage, ob die BRD ein christlicher Staat ist?

„Das Bundesverfassungsgericht hat formuliert, dass die Bundesrepublik Deutschland weltanschaulich neutral, aber nicht wertneutral ist. Das heißt: Unser Staat spricht sich nicht für eine Religion als Staatsreligion aus. Das halte ich für richtig. Aber wir haben natürlich eine christlich-abendländische Tradition, zu der vor allem der Schutz der Menschenwürde als oberster Wert der Verfassung gehört. Dieser Rang der menschlichen Würde entspringt dem Gedanken, dass jeder Mensch ein Ebenbild Gottes ist."[366]

Da Kauder die „*weltanschaulich*-religiöse Neutralität" auf die „religiöse Neutralität" *kürzt,* ist wohl kaum zufällig. Dass er die vom Bundesverfassungsgericht geforderte weltanschaulich- religiöse Neutralität des Staates mit dem schwammigen Begriff „wertneutral" unterläuft, ist gelinde ausgedrückt, eine Schmierenkomödie. Er setzt noch eins drauf, indem er behauptet, dass der *Schutz* der Menschenwürde oberster Grundsatz des Grundgesetzes für die BRD sei.

Der Artikel 1 lautet: *Die Würde des Menschen ist unantastbar. Sie zu achten und zu schützen ist Verpflichtung aller staatlichen Gewalt.*

Wenn Kauder allein den Schutz der Menschenwürde auf den Gedanken, reduziert, dass jeder Mensch ein Ebenbild Gottes sei, dann erhebt er die christliche Religion faktisch in eine Staatsreligion, auch wenn er es zu leugnen versucht. Wenn er an anderer Stelle auf die Frage des „Spiegel" ob es zur weltanschaulich-religiösen Neutralität des Grundgesetzes gehört, „dass muslimische Schüler ein Kruzifix im Klassenzimmer aushalten müssen"[367] wird geantwortet, dass das Kreuz als „ein Symbol der Werteentscheidung, die sich in unserem Grundgesetz widerspiegelt" ist, dann wird an diesem Beispiel deutlich, wie die *Wertneutralität* der herrschenden CDU tatsächlich aussieht.

Auch die *Verwechselung* von Kruzifix und Kreuz im obigen Zitat wird freundlichst übersehen.

---

[366] Kauder a. a. O. S. 26 f.
[367] A. a. O. S. 27.

Nicht übersehen wird aber, dass die weltanschauliche Neutralität des Staates und die Achtung der Menschenwürde gebietet, dass auch Atheisten, Ungläubige, Gottlose, Religionslose mit den Gläubigen jeder Art gleichberechtigt sind.

Karl Marx hat *die sozialen Prinzipien des Christentums* deutlich gemacht, indem er u.a. ausführte:

Diese Prinzipien „haben die antike Sklaverei gerechtfertigt, die mittelalterliche Leibeigenschaft verherrlicht und verstehen sich im Notfall dazu, die Unterdrückung des Proletariats, wenn auch mit etwas jämmerlicher Miene, zu verteidigen…

Sie „predigen die Notwendigkeit einer herrschenden und einer unterdrückten Klasse und haben für die letzte nur den frommen Wunsch, die erstere möge wohltätig sein."

Diese Prinzipien „setzen die konsistorialrätliche Ausgleichung aller Infamien in den Himmel und rechtfertigen dadurch die Fortdauer dieser Infamien auf die Erde."

Sie „erklärten alle Niederträchtigkeiten der Unterdrücker gegen die Unterdrückten entweder für gerechte Strafe der Erbsünde und sonstigen Sünden oder für Prüfungen, die der Herr über die Erlösten nach seiner unendlichen Weisheit verhängt.

Die sozialen Prinzipien des Christentums predigen die Feigheit, die Selbstverachtung, die Erniedrigung, die Unterwürfigkeit, die Demut, kurz alle Eigenschaften der Kanaille…Die sozialen Prinzipien des Christentums sind duckmäuserisch, und das Proletariat ist revolutionär."[368]

Immer mehr gläubige Christinnen und Christen besinnen sich des ursprünglichen Anspruchs ihrer Kirche/Glaubensgemeinschaft, für die Menschen da zu sein und nicht Teil des Staates zu werden. Diese Menschen haben erkannt, dass jede Lehre, jeder Gedanke, sich in seinem Innern nachteilig verändert, wenn er sich der Macht des Staates bedient und sich ihr zur wohlfeilen (Kirchensteuer) ideologischen Rechtfertigung andient.[369]

Ein über Jahrhunderte gefestigtes und wasserdicht gemachtes Verhältnis von Staat und Kirche läßt sich nicht so schnell ändern, es gibt zu jeder Zeit wichtigere Aufgaben.

---

[368] Karl Marx Der Kommunismus des „Rheinischen Beobachters". In: MEW Band 4 Berlin 1959 Seite 200.
[369] Vgl. Roth, Jürgen : In: Trennung von Staat und Kirche- Thesen der Humanistischen ; Vorwort Seite 7 bis10.

Ich behaupte, dass das geltende Kirchenrecht, das die Kirche besonders privilegiert, obwohl sie es leugnet, wäre in einem tatsächlich weltanschaulich neutralen Staat nicht durchzusetzen.

Diese Behauptung möchte ich mit dem Fragenkomplex verbinden: Was hat die Kirche in Schulen, Universitäten und Hochschulen, in Funk und Fernsehen oder beim Militär zu suchen? Alle Staatsleistungen gehörten dann abgelöst.

Offensichtlich sind „Kirche" und „Geld der Kirche" wirkliche Tabuthemen der BRD. Das Gerede von der Partnerschaft zwischen beiden hilft auch nicht weiter, sondern vernebelt den tatsächlichen Tatbestand.

„Wahrheit" nicht in religiösem Sinne[370] sondern, historische Wahrheit im Sinne von Karl Marx, der sich zu eigen machte, dass es besser sei, sich mit einem klugen Feind, als mit einem dummen Freund herumzuschlagen.[371] An anderer Stelle geht er davon aus, dass gesunder Menschenverstand sich gegen eine Flut blödsinniger Übertreibung und törichter Verblendung im Sinne dieser Wahrheit richten sollte.[372]

Die religiöse Wahrheit ist in der Bibel kein philosophischer Begriff. Wahrheit bezieht sich vor allem auf das Zwischenmenschliche und meint Zuverlässigkeit, Aufrichtigkeit im Handeln und soll als Wahrheit des Wortes mit der Wirklichkeit übereinstimmen. Die Wahrheit zwischen Mensch und Gott wird verbunden mit „Gott dienen" oder „nach Gottes Gesetz wandeln oder die Wahrheit tun" In der Welt kämpfen Wahrheit und Lüge gegeneinander. Jeder Mensch muß sich entscheiden, in Glaube und Liebe auf Jesus zu hören und durch den Geist der Wahrheit Zeugnis für Jesus abzulegen.[373]

[370] Vgl. Kleines Bibel-Lexikon. Vierte Auflage. Berlin und Altenburg 1977, Seite 293
[371] Vgl. Marx, Karl „Wie man Geschichte schreiben soll". In: MEW Berlin 1960, Band 9 Seite 301.
[372] Vgl. ebender: In Bestätigte Wahrheit. In: MEW Berlin 1961, Band 13, Seite 443.
[373] Vgl. Kleines Bibellexikon ebenda

Zusatzliteratur und Presseübersicht

Anmerkung:
Was als Quelle benutzt wurde, wird grundsätzlich nicht mehr angegeben.
Obwohl die Arbeit sich im Wesentlichen auf die evangelischen Kirchen beschränkt, wird auch
Literatur zur katholischen Kirche angegeben.

Achtelik, Kirsten (2009)
Kreuze landen in der Spree. Abtreibungsgegner können nicht ungestört durch Berlin marschieren. In: junge Welt 28. September 2009 Seite 5.
Ahmed, Akbar S. (1992)
Lebendiger Islam. Von Samarkant bis Stornoway. Düsseldorf/Wien 1992.
Alternativen (1995)
Alternativen sind möglich. Stellungnahme zum „Wort des Rates der Evangelischen Kirche in Deutschland und der Deutschen Bischofskonferenz zur wirtschaftlichen und sozialen Lage in Deutschland: Für eine Zukunft in Solidarität und Gerechtigkeit“ (ausgewählte Probleme). (Eine Arbeitsgruppe) Grundsatzkommission der PDS. Berlin 1995.
Amery, Carl (1972)
Das Ende der Vorsehung. Die gnadenlosen Folgen des Christentums. Hamburg 1972.
Internet: http://de.wikipedia.org/wiki/Atheismus   Seite 1 bis 32.

Bahners, Patrick (2010)
Der Papst auf der Anklagebank. In: FAZ 13. April 2010 Seite 27.
Baigent, Michael/Leigh, Richard (1991)
Verschlußsache Jesus. Die Qumranrollen und die Wahrheit über das frühe Christentum. München 1991.
Balzer, Friedrich-Martin (Hrsg)
Protestantismus und Antifaschismus vor 1933.Der Fall des Pfarrers Erwin Eckert in Quellen und Dokumenten. Bonn 2011.
Beiträge (1995)
Beiträge zur Religions-und Staatskritik Nr. 7 Herausgegeben von Gerhard Kern, Morbach Mai 1995.
Besier, Gerhard (1995)
Der SED-Staat und die Kirche 1969-1990. Berlin/ Frankfurt a.M. 1995.
Berg, Stefan/Dahlkamp, Jürgen/Friedmann; Jan u.a. (2010)
„Scham und Angst“. Die Scheinheiligen. Die katholische Kirche und der Sex. In: Spiegel 6/2010 Seite 60 bis 71.
Beweis(2009)
Beweisstück gegen den Schöpfungsglauben. In: Der Spiegel 24/2009 Seite 121.
Bingener, Reinhard (2010)
Die Bischöfin und der Krieg. In: FAZ 13. Januar 2010 Seite 1.
Bieritz-Harder, Renate (2002)
Religionsunterricht in Mecklenburg-Vorpommern Abmeldepflicht auch für konfessionslose und konfessionsfremde Schüler? Mhtml:file://C: Dokumente und Einstellungen /bp01/Deskop/beck online-LKV 2002,499.mht
Boer, Dick (2010)

„Wir können aufeinander nicht verzichten". Linke Christen und Marxisten haben eines gemeinsam: Sie wollen eine bessere Welt- nur wie? Ein Gespräch mit Dick Boer. In: junge Welt 09. Juni 2010 S. 3.

Bossenz, Ingolf
Der Staat und seine Kirchen. Die Protektion christlicher Religiosität ist der deutschen Politik lieb-und teuer. In. ND1 8. Februar 2010. Derselbe (2009): Im Zweifel für die Kirche? In: ND 24. Dezember 2009/Feuilleton.

Bransch, Günter (1987)
Kirche auf dem Wege. Perspektiven der evangelischen Kirche in der sozialistischen Gesellschaft. Versuch einer Einschätzung. Vortrag 10. Dezember 1986 Bezirksverband Potsdam der CDU. Berlin 1987.

Bremer, Jörg (2009)
Die Knochen der Apostel. Der Fund im Sarkophag des Völkerapostels Paulus bestätigt das Selbstbild Roma. In: FAZ 30. Juni 2009 Seite 3. Derselbe (2010): Perversion des Glaubens. Papst Benedikt XVI. sieht durch die Missbrauchsfälle auch seine Theologie in Gefahr. In: FAZ 04. Juni 2010 Seite 10.

Brenner, Hans-Peter (2009)
Der „Super-Fund" des Jahrhunderts? Der Rummel um „Paulus" Knochen und seine Hintergründe. In: unsere zeit 10. Juli 2009 Seite 3. Derselbe (2009 a): Katholische Soziallehre für das „Zeitalter der Globalisierung". Die päpstliche Sozialenzyklika „caritas in veritate". In: unsere zeit 24. Juli 2009 S. 16.

Bundesverfassungsgericht
2 BvR 708/96. Gerichtsgebühren für eine evangelische Kirchengemeinde).

Buske, Norbert (1995)
Zur verfassungsrechtlichen Einbettung des Evangelischen Kirchenvertrages, ein Vorwort. In: Vertrag 1994 Schwerin 1995 Seite 5 bis 10.

Christliche Verantwortung (1990)
Christliche Verantwortung in veränderter Welt. Die deutschen Bischöfe. 27. September 1990. Bonn 1990.

Christen und Kirchen (1983)
Eine Information aus der DDR. Berlin 1983 Ähnlicher Titel: Christen und Kirche in der DDR: Internet: http://de.wikipedia.org/wiki/Christenund_Kirche_in_der_DDR

Czermak, Gerhard (1993)
Staat und Weltanschauung. Eine Auswahlbibliographie juristischer sowie historischer und gesellschaftlicher Literatur. Mit kritischen Hinweisen und einer Abhandlung zu Entwicklung und Gegenwartslage des sogenannten Staatskirchenrechts. Berlin-Aschaffenburg 1993. Derselbe: (1997) Christen gegen Juden. Geschichte einer Verfolgung. Von der Antike bis zum Holocaust, von 1945 bis heute. Hamburg 1997. Derselbe: (2003) Ablösung historischer Staatsleistungen an die Kirchen oder Ewigkeitsrente? Anfragen 200 Jahre nach dem Regensburger Reichsdeputationshauptschluss 1803. Internet: http://www.bfg-bayern.de/aktuelles/ewigkeitsrente_060403.htm Derselbe:(2004) Europarecht und Religionsgemeinschaften unter besonderer Berücksichtigung der deutschen Rechtslage. In: Aufklärung & Kritik, 2/2004, Seite 175 bis 186. Derselbe: (2009) Religion und Weltanschauung in Gesellschaft und Recht. Ein Lexikon für Praxis und Wissenschaft. Aschaffenburg 2009.

Dawkins, Richard (2007)
Der Gotteswahn. Siebente Auflage Berlin 2007.

Deschner, Karlheinz (1996)

Kriminalgeschichte des Christentums. Erster Band Die Frühzeit. Von den Ursprüngen im Alten Testament bis zum Tod des hl. Augustinus (430). Hamburg Februar 1996. Derselbe: (1996 a) Abermals krähte der Hahn. Eine kritische Kirchengeschichte (Verlag Goldmann) o.O. Juli 1996. Derselbe: (1996 b) Kriminalgeschichte des Christentums. Zweiter Band Die Spätantike. Von den katholischen „Kinderkaisern" bis zur Ausrottung der arianischen Wandalen und Ostgoten unter Justitian I. (527-565) Hamburg Oktober 1996. Derselbe: (1996 c) Kriminalgeschichte des Christentums. Dritter Band Die alte Kirche. Fälschung, Verdummung, Ausbeutung, Vernichtung. Hamburg Dezember 1996. Derselbe: (1994) Kriminalgeschichte des Christentums. Frühmittelalters Von König Chlodwig I. (um 500) bis zum Tode Karls „des Großen" (814). Vierter Band Hamburg April 1994. Derselbe: (1997) Kriminalgeschichte des Christentums 9. Und 10. Jahrhundert Von Ludwig dem Frommen (814) bis zum Tode Ottos III. (1002). Fünfter Band Hamburg Januar 1997.

Di Fabio, Udo (2010)
Gemeinschaftsschutz Glaubensfreiheit. Der freiheitliche Verfassungsstaat richtet seinen Blick mit wohlwollender Neutralität auf Religionsgemeinschaften und Kirchen. Er ist ohne solche Gemeinschaften wohl gar nichtmöglich. Das Grundgesetz ist die beste Richtschnur für die Ko-Evolution von Säkularität und Transzendenz, aber auch für die Integration unterschiedlicher Religionen und Weltauffassungen. In: FAZ 8. April 2010 Seite 8.
Dressler, Helmut/Kaltenborn, Carl-Jürgen (Hg.)(1979)
Junge Theologen im Sozialismus. Berlin 1979.
Drewermann, Eugen (1992)
Worum es eigentlich geht. Protokoll einer Verurteilung. Dritte Auflage München 1992.
Dokumentationen
Zurück ins Mittelalter. Vorabdruck. Die Versöhnung von Papst Benedikt XVI. mit den Piusbrüdern. In: junge Welt 1. Februar 2010 Seite 10 f.

Fischer, Erwin (1971)Trennung von Staat und Kirche. Die Gefährdung der Religionsfreiheit in der Bundesrepublik. Zweite Auflage Frankfurt/Main Berlin 1971. Derselbe: (1992) Die verfassungsrechtlichen Grundlagen der Militärseelsorge. In: Militärseelsorge Seite 17 bis 23.
Frank, Rahel (2008)
„Realer-Exakter-Präziser"? Die DDR-Kirchenpolitik gegenüber der Evangelisch-Lutherischen Landeskirche Mecklenburgs von 1971 bis 1989. Schwerin 2008.
Frauenfeind (2009)
Frauenfeind Religion? Auf einer Tagung der Heinrich-Böll-Stiftung in Berlin wurde die Frage diskutiert, ob Säkularisierung notwendige Voraussetzung für Geschlechtergerechtigkeit ist. In: junge Welt 12. Juni 2009 Seite 15.
Frerk, Carsten (2009)
Interview: „Kreuze haben in staatlichen Schulen nichts verloren." In: junge Welt 5. November 2009.
Freie Kirche (2004)
Freie Kirche im freien Staat-Thesen der FDP Seite 294 bis 298zum Verhältnis von Staat und Kirche 1974. Beschluss des 25. Bundesparteitages der F.D.P. in Hamburg vom 30. September bis 2. Oktober1974. Fassung vom 16.Dezember 2004. Internet: http://www.payer.de/religionskritik/FDP1974.htm
Frevel, Christian (2007)
Sozialisten und linke Christen. In: Herder Korrespondenz, 6/2007 Seite 294 bis 298.
 Fromm, Erich (1992)Humanismus als reale Utopie. Der Glaube an den Menschen. Weinheim /Basel 1992.
Fuchs, Ruth (1990)

„Gott schütze unser deutsches Vaterland!" Erlebnisse einer Volkskammerabgeordneten. Berlin 1990.
Geheimnisse der Religion (1958)
Wie Wunder gemacht werden. Heilige und Reliquien Paradies und Hölle. Die unbefleckte Empfängnis und andere Mysterien. In der Liebe lichtem Dome. Der Heiligenschein des Jammertales. Es wächst heran ein neues Geschlecht. Berlin 1958.
Glaube (Berlin 1988)
Glaube und Weltanschauung. Das Wirken von Christen für Frieden und Gerechtigkeit. Hrg. Karl-Wolfgang Tröger. Berlin 1988.
Goldner, Colin (2009)
Der Phallokrat. Hintergrund. Ab heute ist der Dalai Lama auf Deutschland-Visite. Alles über Tantra und Sex im tibetischen Buddhismus. In: junge Welt 29. Juni 2009 Seite 10 f.
Götting, Gerald (1988)
Christliche Demokraten auf dem Weg in die neunziger Jahre. Rede auf dem 16. Parteitag der CDU (14.- 16. Oktober 1987 in Dresden. Berlin 1988.
Gott ist ein Freund des Lebens(1989)
Gott ist ein Freund des Lebens. Herausforderungen und Aufgaben beim Schutz des Lebens. Gemeinsame Erklärung des Rates der Evangelischen Kirche in Deutschland und der Deutschen Bischofskonferenz. Trier 1989.
Gott ist Wahrheit (2004)
Gott ist Wahrheit deshalb: Kirche nein! Fünfte Auflage, Marktheidenfeld September 2004.
Grau, Alexander (2010)
Protestantische Christologien. Seit der Aufklärung streiten zwei Schulen miteinander: Die 17. März 2010 Seite N 4Vermittlung des „historischen Jesus" und des geglaubten Christus bedarf der Idee. In: FAZ 17. März 2010 Seite (N)4.
Groschopp, Horst (2006)
Geschichte des Kirchenaustritts in Deutschland. In. Humanismus aktuell, Hefte für Kultur und Weltanschauung, Berlin 2006 Heft 18.
Grossarth, Jan (2009)
Eine Welt? Hm, ich weiß nicht recht. Einmal Erleuchtung macht 49 Euro, Menschlichkeit inbegriffen: Der Dalai Lame schenkt Frankfurt vier Tage Lächeln. In: FAZ 03.August 2009 Seite 27.
Gurewitsch, Pawel (1985)
„Neue Religionen" und der Ideenkampf. Der Standpunkt eines sowjetischen Soziologen. Moskau 1985 (deutsch).

Hannover, Heinrich (2010)
„Gott weiß, was er tut" in: Ossietzky 15. Mai 2010 Heft 10 S. 366 bis 368.
Hefte aus Burgscheidungen (CDU der DDR).Herausgeber Hauptvorstand der CDU
Heyl, Wolfgang (1977)
Freiheit und Dienst. Christen für den Sozialismus-Kirche im Sozialismus. (Heft 208, 1977) Krieg und Frieden im Atomzeitalter. Botschaft des Heiligen Synod der Russischen Orthodoxen Kirche. Derselbe: Einklang von Rationalität und Humanität. Zu sozialethischen Aspekten der Volkswirtschaft der DDR. Ebenda (Heft 241, S.198) Erhard Geißler: Den Schöpfer spielen? Ethische Fragen der Gentechnologie: Heft 245, 1987.
Heine, Matthias (2010)
Die katholische Kirche braucht eine neue Inquisition. Scheiterhaufen will keiner. Aber nur eine effiziente Reinigung von gotteslästerlichen Pädophilen kann den Katholizismus retten. In: DIE WELT 24. März 2010 Seite 23.
Heinig, Hans Michael (2010)

Ein Staatsislam wäre grundgesetzwidrig. In: FAZ 30. März 2010 Seite 29.

Der Hexenhammer (Reprint)

Verfaßt von den beiden Inquisitoren Jakob Sprenger und Heinrich Institoris. Zum ersten Male ins Deutsche übertragen und eingeleitet von J.W.R. Schmidt. Vierte Auflage Reprint der Originalausgabe von 1937/38. Was sich bei der Zauberei zusammenfindet, der Teufel, der Hexer oder die Hexe, die göttliche Zulassung. Reprint-Verlag-Leipzig o. D.

Hipp, Dietmar/Horning, Frank/ Neumann, Conny u. a. (2010)

Missbrauch: „Es muss alles heraus". In: Der Spiegel 12/2010.

Höges, Clemens (2009)

Irland „Wir waren Sklaven". Priester und Laien haben über Jahrzehnte 15000 Kinder misshandelt oder vergewaltigt. Nach und nach kommt das Martyrium der Jungen ans Licht der Öffentlichkeit. In: Der Siegel 24/2009 Seite 111 bis 113.

Höppner, Reinhard

Segeln gegen den Wind. Texte und Reden . Und ein Gespräch mit Günter Gaus. Stuttgart 1996.

Hohmann, Martin (1979)

Zur Bedeutung des Marxismus-Leninismus für das Denken und die Existenzweise eines Theologen in der DDR. In: Dressler/Kaltenborn (Hg.) Seite 26 bis 44

Hollenbach, Michael (2009)

Die Rolle der Kirche im Sozialismus. Der Weg der Protestanten bis zur Friedlichen Revolution. Dradio.de 28. November 2009.Internet: http://www.dradion.de/dkultur/sendungen/religionen

Hübner, Conchita (1998)

Die Transformation des Schulwesens In: Werz/Schmidt (Hg.)München 1998. Seite 213 bis 227.

Humanistische Union

Enzyklika für Freiheit der Religionskritik. Ulrich Vultejus/Edgar Baeger. München Juni 1989. Dieselben (1993): Im Namen des Volkes. Unfreundliche Bemerkungen zum § 218 –Urteil von Karlsruhe. Ulrich Vultejus / Ursula Neumann. München Juli 1993. Protokolle (2007) Religionen-Weltanschauungen-Grundrechte. Dritte Berliner Gespräche, Protokolle Potsdam 2007.Hornig, Frank/Röbel, Sven/Rosenbach, Marcel u.a. (2010)

IBKA Internationaler Bund der Konfessionslosen und Atheisten. Subventionsabbau bei den Kirchen? Autor: Notker Bakker. In: MIZ 3/03.

Informationsbroschüre (1995)

Informationsbroschüre über Sekten und Weltanschauungsgruppierungen. Herausgegeben vom Kultusministerium des Landes M-V 1995.

Ingendaay, Paul (2010)

Hinter den Mauern. Wer seine Kindheit in einem katholischen Internat verbracht hat, der konnte die zwei Seiten der Stille kennenlernen. Die eine diente der Besinnung, die andere dem Verschweigen. Eine Erinnerung. In: FAZ 10. April 2010 Seite 40.

Inquisitionsopfer (2010)

Inquisitionsopfer des Tages Bundesjustizministerin. In: junge Welt 25. Februar 2010 Seite 8. Auch zum Thema: Bischoff attackiert Ministerin: In Süddeutsche Zeitung 23. Februar 2010. Internet: http://www.sueddeutsche3.de/politik/878/504094/text

Joas, Hans (2009)

Gottlos fromm. Herbert Schnädelbach sucht weiterhin nach dem dritten Weg zwischen Gottesglauben und Atheismus. In: Die Zeit Nr. 30, 16. Juli 2009.

Jungbluth, Rüdiger (2009)

60 Sekunden für die Hölle. In: Freitag 4. Juni 2009 Seite 19.

Kaiser, Jochen-Christoph (1981)
Arbeiterbewegung und organisierte Religionskritik. Proletarische Freidenkenverbände in Kaiserreich und Weimarer Republik. Stuttgart 1981.
Kauder, Volker (2010)
„Wir stehen zur Kirche auch in schwierigen Zeiten". Unionsfraktionschef Volker Kauder über das Osterfest; Christentum, Missbrauch in der Kirche und fehlendes Vertrauen in Institutionen. In: Die Welt 01. April 2010 Seite 4.
Kaufmann, Franz-Xaver ((2010) Seite 8.
Moralische Lethargie in der Kirche. In: FAZ 26. April 2010
Kehrer, Günter (1995)
Theologie ist unwissenschaftlich. Plädoyer für die Abschaffung der theologischen Fakultäten. In: Beiträge (1995) Seite 132 bis 136.
Kirche. Traumatische Vergangenheit. In: Der Spiegel 8/2010 Seite 60 f.
Kirchenaustritte (1991)
Gewaltige Sprünge. Die Zahl der Kirchenaustritte im Westen schnellt empor-Reaktion auf die jüngsten Steuererhöhungen. In: D1.4. 1991. „Kirchenaustritt" untersagt. Gericht: Austritt mit Bedingungen ist nicht zulässig. In: FAZ 05. Mai 2010 Seite 4.
Kirchenfinanzierung (2001)
News zu „Kirche und Geld" Januar 2001.Der Humanist. Eine Dokumentation (14 Seiten) Internet: http://www.kirchensteuer.de/news1997.html
Kirchenrecht (2010)
„Kirchenrecht bricht Streitrecht" Internet: http://www.wend.de/2010/03/08/kirchenrecht-bricht-streitrecht/print/ Das gleiche: Internet: http://de.wikipedia.org/wiki/Kirchenrecht
Kirchensteuern
Grundrechtsbindung der Kirchen bei der Erhebung von Kirchensteuer. Internet: http://www.experten-branchenbuch.de/ratgeber/grundrechtsbindung-der-kirchen-bei-der-erhebung-der-kirchensteuer. Das gleiche: Die Kirchensteuer und die Mitwirkung des Kirchenvolks am Leitungsdienst-mehr Geschwisterlichkeit im kirchlichen Finanzwesen. Ein Infoblatt der Arbeitsgruppe Kirchensteuer der Volksbewegung Wir sind Kirche. Vöhringen ohne Datum. Das gleiche: Kirchensteuerwarnung 6. Dezember 2006. Rasterfandung nach Kirchensteuerflüchtlingen. Internet: http://hpd.de/print/655
Kirche im Sündenfall (1995)
Weißbuch Band 4. Unfrieden in Deutschland. Kirche im Sündenfall. Hg. Gesellschaft zum Schutz von Bürgerrecht und Menschenwürde. Berlin 1995.
Kloppenburg, Heinz (u.a. Herausgeber)(1982)
Martin Niemöller Festschrift zum 90.Geburtstag. Köln 1982.
Kosing, Alfred (2010)
Im Schatten des Kreuzes. Der Einfluss der Kirche auf Staat und Gesellschaft. Berlin 2010.
König, B. Emil (1990)
Geschichte der Hexenprozesse. Ausgeburten des Menschenwahnsinns. Wiesbaden 1992.
Konkordate und evangelische Kirchenverträge
Deutsche Bischofskonferenz
Internet: http://www-dbk.de/konkordate-und -kirchenvertraege.html Das gleiche: Konkordat zwischen dem Heiligen Stuhl und dem Deutschen Reich (Text). Internet: http://kulturserver-hessen.de/home/zeitzeichen/konkordat.htm
Kriegsdienstverweigerung.
In: Militärseelsorge (1992) Seite 46 bis 59.
Kriele, Martin (2010)

Ein Menschenrecht auf Säkularisierung? Die Religionsfreiheit schrumpft zum Schutz vor unliebsamen Anblicken: Das europäische Kruzifixurteil folgt der Logik des Schweizer Minarettverbots. In: FAZ 25. Februar 2010 Seite 36.
Küng, Hans (2005)
Der Anfang aller Dinge. Naturwissenschaft und religion. München Zürich 2005.

Lebensweise (1990)
Lebensweise und Lebensgestaltung. Methodische Handreichung zur Gestaltung des Grund- und Aufbaukurses im Gesellschaftskundeunterricht. Herausgegeben von Ingeborg Bastian und Rolf Borrmann. Leipzig 1990.
Lehmann, Karl Kardinal (2009
Was heißt: Dialog der Religionen? Auch wenn es eine besondere Sorge der Religionen um den Erhalt der Schöpfung, um Frieden unter den Völkern, um Recht und Gerechtigkeit gibt, wäre es eine Verkürzung, wenn der Dialog so konzipiert würde, dass er die religiösen Fragen ausklammert und nur politisch und sozial relevante oder nur ethisch orientierte Themen in Angriff nimmt. Dialog ist auf das Finden und das Anerkennen von Wahrheit ausgerichtet. In: Frankfurter Allgemeine Zeitung 15. Juli 2009 Seite 8. Derselbe (2010) Kirche der Sünder, Kirche der Heiligen. Die Enthüllung zahlreicher Fälle sexueller Übergriffe von Geistlichen auf Kinder und Schutzbefohlene hat die katholische Kirche in Deutschland in eine tiefe Krise gestürzt. Zu beklagen ist nicht nur das Fehlverhalten Einzelner. Auch als Institution muss sich die Kirche fragen lassen, welche Verantwortung sie für das Geschehene trägt. In: Frankfurter Allgemeine Zeitung 01. April 2010 Seite 6.
Lewy, Mordechay (2010)
Das Schweigen des Papstes. Die Haltung Pius, XII. zur Vernichtung der Juden…In: FAZ 26. März 2010 Seite 9.
Lexikon des Alltags (2010)
Lexikon des Alltags. Kirche in der DDR. Christen /Religion. Internet: http://www.mdr.de/damals/lexikon/1778173.html
Linke
Fraktion DIE LINKE. Im Bundestag-Positionen von A-Z. Religionsfreiheit.
Internet: http://www.linksfraktion.de/thema__der_fraktion.php?artikel=1763575186.
Die gleichen: Informationshomepage des Sprechers und Gründers der Arbeitsgemeinschaft Trennung von Staat und Kirche/Religion in der Partei DIE LINKE. Internet: http://www.arbeitsgemeinschaft-trennung-staat-kirche.de/
Löwenstein, Stephan (2010)
Noch eine Vakanz. Walter Mixa war zugleich Militärbischof. Den Afghanistan-Einsatz sah er kritisch. In: FAZ 24. April 2010 Seite 43.
Lüdemann, Gerd (1998)
Der große Betrug. Und was Jesus wirklich sagte und tat. Lüneburg 1998. Derselbe (2010) Interview „Das Wort Lüge ist für die Bibel durchaus angemessen". Protestantischer Theologie: Die „Heilige Schrift" ist ein Sammelsurium von Erfindungen. In: junge Welt Weinachten 2009 Seite 8.

Maser, Peter (1989)
Glauben im Sozialismus. Kirchen und Religionsgemeinschaften in der DDR. Berlin 1989.Mayr, Walter u .a. (2009)
Die Rückkehr des Allmächtigen. In: Der Spiegel 52/2009 Seite 102 bis 113
Matussek, Matthias (2010)
(Triumpf der Sünde. Von Wollust, Habgier und anderen Versuchungen) Titel Auf Teufel komm raus. Die Bibel hat sie erfunden….In: Der Spiegel 7/2010 Seite 61 bis 71.

Meyer, Franz (1992)
Militärseelsorge als Element der Inneren Führung. In: Stärkung der Kampfmoral? Oder Wehrkraftsetzung? Seite 24 bis 29.
Militärseelsorge (1992)
Militärseelsorge Stärkung der Kampfmoral? Oder Wehrkraftsetzung?
Reader zum Kongreß gegen eine staatlich getragene Militärseelsorge. Leipzig, Juni 1992.
von Mittelstaedt, Juliane/ Schult, Christoph/Steinvorth, Daniel u.a. (2010)
Geduldeter Hass. Seit der Einfluss von Fundamentalisten in der islamischen Welt zunimmt, verschärft sich der Druck auf die christlichen Minderheiten. Die Evangelische Kirche in Deutschland hält Christen für die weltweit am häufigsten verfolgte Glaubensgemeinschaft. In: Der Spiegel 8/2010 Seite 96 bis 99.
Müller, Reinhard (2010)
Woran wir glauben. In: FAZ 19. Februar 2010 Seite 1.
Müller-Heidelberg, Till (2004)
Das heilige Sakrament der Ehe und andere Grundrechte in kirchlichen Einrichtungen. Internet: http://www.linksanet.de/de/artikel/18836
Müller, Tilmann/Vougioukas, Janis (2009)
Die zwei Gesichter des Dalai Lama. Der sanfte Tibeter und sein undemokratisches Regime. Lichtgestalt mit Schattenseiten. In: Stern Nr. 32 30. Juli 2009 Seite 27 ff.

Neumann, Johannes W. (1991)
Zur religiösen Legitimation der Staatsgewalt in der Bundesrepublik Deutschland. Schriften der Humanistischen Union. Tübingen 1991.
Nietzsche, Friedrich (2009)..
Der Antichrist Versuch einer Kritik des Christentums. Zweite Auflage 2009. Hamburg 2008.
Nowak, Kurt (2007)
Das Christentum Geschichte-Glaube-Ethik.4. Auflage München 2007.

Ockenfels, Wolfgang (1990)
Kleine Katholische Soziallehre. Eine Einführung nicht nur für Manager. Dritte Auflage Trier 1990.

Petition (2005)
Initiative stoppt die Abzocker. Petition an den Deutschen Bundestag für mehr Gerechtigkeit zwischen Staat und Kirche 28. Mai 2005. Internet: http://www.ge-recht.info/pet2.htm
Pirker, Werner (2010)
Mißbrauchte Kirche. In: junge Welt 10./11.April 2010 Seite 3.Derselbe (2010 a) Anschlag auf Mohammed-Verächter. Religionskritik? In: junge Welt 04. Januar 2010.
Pollack, Detlef
Der der religiös-kirchlichen Lage in Ostdeutschland.fo wid TA 2000-6 Seite 1 bis 25.
Positionen (1990)
Positionen der PDS zu Gläubigen, Religionen, Kirchen und Religionsgemeinschaften. Internet: http://die –linke.de/partei/geschichte/urspruenge_politischer_positionen_der_linken vom 15. März 1990.
Prause, Gerhard/ v. Randow, Thomas (1985)
Der Teufel in der Wissenschaft. Wehe, wenn Gelehrte irren: Vom Hexenwahn bis zum Waldsterben. Hamburg- Zürich 1985.

Ratzinger, Joseph Kardinal (2005)

Werte in Zeiten des Umbruchs. Die Herausforderungen der Zukunft bestehen. Freiburg/Basel/Wien 2005.

Ranke-Heinemann, Uta (1992)
Nein und Amen. Mein Abschied vom traditionellen Christentum. 8. Auflage Ergänzte Taschenbuchausgabe 10/2002. Hamburg 2007.
Der Papst und die anderen. Nur wer glaubt, was Benedikt XVI. glaubt, hofft richtig. Gedanken einer Ketzerin zu seiner zweiten Enzyklika. In: junge Welt 6. Dezember 2007 Seite 10 f. Dieselbe (2010) Der Papst weint Krokodilstränen. Hintergrund. Die Geheimschreiben aus dem Vatikan und die Vertuschung der Pädophilieverbrechen. In. junge Welt 22. Februar 2010 Seite 10 f. Dieselbe: (2010 a) Kruzifix ist schwere Belastung für Kinder". Das Kreuz hat nichts in der Schule zu suchen. Gespräch in junge Welt 28. April 2010 S.2.

Recktor, Bettina/Richter, Franz-Helmut (1992)
Militärseelsorge abschaffen. In: Militärseelsorge (1992) Seite 30 bis 45.

Reichtum der Kirchen (1990). Wirtschaftliche Situation und Reichtum der Kirchen in der BRD und Kirchensteuersystem. Deutscher Bundestag 11. Wahlperiode Drucksache 11/8102 (9.10.90) Antwort der Bundesregierung auf die Kleine Anfrage der Abgeordneten Frau Kelly und der Fraktion DIE GRÜNEN – Drucksache 11/7894.

Reinsdorf, Clara und Paul (1995)
Drahtzieher Gottes. Die Kirchen auf dem Marsch ins 21. Jahrhundert. Aschaffenburg 1995.Dieselben (1997) Zensur im Namen des Herrn. Zur Anatomie des Gotteslästerungsparagraphen. Aschaffenburg 1997.

Der Reibert (Handbuch für den deutschen Soldaten,2009)
Stichworte: Seelsorge und Religionsausübung, Militärseelsorge Berlin/Bonn/Hamburg 2009 Seite 38-41.

Reichskonkordat
Internet: http://wapeddia.mobi/de/Reichskonkordat?t=3.

Religion (1990)
Religion und Gesellschaft.
Die Kirche in der UdSSR…Moskau 1990 (deutsch).

Religionsfreiheit (2001)
Internationaler Bericht über Religionsfreiheit. Herausgegeben vom Büro für Demokratie, Menschenrechte und Arbeit Oktober 2001.
Internet: http://www.menschenrechtsbuero.de/html/irfrep01r.htmReligiöser Sozialismus
Internet: http://de.wikipedia.org/wiki/Religi%C3%B6ser_Sozialismus

de Rosa, Peter (1993)
Der Vatikan-von Gott verlassen? Kirche, Sex und Tod. München 1993.

Roskoff, Gustav(1987)
Geschichte des Teufels. Eine kulturpolitische Satanologie von den Anfängen bis ins 18. Jahrhundert. Zweite Auflage November 1988.

Rüb, Matthias (2009)
„Heiliger Krieg" um Abtreibungen (in den USA). In: FAZ 21. November 2009.

Scherrer, Friedrich (2009)
„Kirche sollte mehr gegen den Afghanistan-Krieg tun". In Bremen fordern 35 protestantische Pastoren und Pastorinnen sofortigen Rückzug der Bundeswehr. Ein Gespräch mit Friedrich Scherrer. In: junge Welt 29. Dezember 2009 S.8.

Schling, Bernhard (2007)
Thesen zu Religionen, Weltanschauungen und den Grundrechten des Grundgesetzes. In: Humanistische Union. Protokolle (2007) S.41 f.

Schmitt, Uwe (2010)

Die Skandale rücken näher. Als der Papst noch Präfekt der Glaubenskongregation war, soll sein Büro einen Missbrauchsfall in den USA unter den Teppich gekehrt haben. In: Die Welt 26. März 2010 S. 3.
Schnädelbach, Herbert (2009)
Religion in der modernen Welt. Frankfurt a.M. 2009.
Schneider, Ulrich (1986)
Die Bekennende Kirche zwischen „freudigem Ja" und antifaschistischem Widerstand. Eine Untersuchung des christlich motivierten Widerstandes gegen den Faschismus unter besonderer Berücksichtigung der Bekennenden Kirche in Kurhessen-Waldeck und Marburg. Kassel 1986.
Schölzel, Arnold (2010)
Rechtsradikal. Gerhard Feldbauer hat eine Studie über den amtierenden Papst geschrieben. In: junge Welt 19. April 2010 Seite 15.
Schönherr, Albrecht (1995)
Gesprochen zur Zeit und zur Unzeit. Reden, Aufsätze, Predigten 1937-1994. Berlin 1995.
Scientology (1996)
Die Scientology-Organisation - Ziele, Praktiken und Gefahren- Köln 1996.
Sedler, Karin/Schurich, Frank-Rainer/Schumann, Frank (1995)
Glaubenskrieg. Kirche im Sozialismus. Zeugnisse und Zeugen eines Kulturkampfes, Berlin 1995.
Seidel, Thomas A. (Herausgeber) (2002)
Gottlose Jahre? Rückblicke auf die Kirche im Sozialismus der DDR.Leipzig2002.
Seibel, Andreas (2010)
Kommentar: Die Krise der Kirche. In: Die Welt 26. März 2010 Seite 1.
Smoltczyk, Alexander (2009)
Mit Leib und Seele. Papst Benedikt XVI. glaubt. Die (un)sterblichen Reste des Völkerapostels Paulus in Rom gefunden zu haben…In: Der Spiegel 28/2009 Seite 137 f.
Spong, John Shelby (2007)
Die Sünden der Heiligen Schrift. Düsseldorf 2007
Spiegel- Gespräch (1961)
Der DDR-Christ und die roten Riten. Spiegel-Gespräch mit dem Ratsvorsitzenden der Ev. Kirche, Präses D. Kurt Scharf. In: Der Spiegel 18/1961 26.4.1991
Staatsvertrag (1997)
Staatsvertrag Freistaat Thüringen/Heiliger Stuhl vom 11. Juni 1997. In: Thüringer Landtag – 2. Wahlperiode Drucksache 2/2100 Seite 3 bis 30.
Sterr, Martin
Zur Situation von Kirchen und Religion zehn Jahre nach der deutschen Vereinigung. In: Deutschland Ost-Deutschland West. Der Kirchturm bröckelt-hüben wie drüben. Internet: http://www.buergerimstaat.de/4-00/ostwwest07.htm

Tabu (1992)
Tabu Staat Kirche. Beiträge zum Ersten Atheisten-Kongreß Fulda. Berlin/Aschaffenburg 1992.
Taroni, Micaela (2009)
Der Vatikan ist empört. Gericht in Strasbourg verbietet Kruzifixe in italienischen Klassenzimmern. In: jung Welt 11. September 1009 Seite 6.
Tokarew, S.A. (1976)
Die Religion in der Geschichte der Völker. Berlin 1976.
Trencsenyi-Waldapfel, Imre (1974)
Religion und Mythos im Lichte des Marxismus-Leninismus. In: Die Töchter der Erinnerung

6. Auflage, Berlin 1974 Seite 12-27.
Tröger, Karl-Wolfgang (Hg.) (1986)
Die Religionen in ihrem Engagement für die Rettung des Lebens. Berlin 1986.

Vatikan (1949)
Der Vatikan und die Kirche hinter dem Eisernen Vorhang. Eichstätt-Rom-München 1949.
Verlautbarungen des Apostolischen Stuhl (1991).Enzyklika CENTESIMUS ANNUS Seiner
Heiligkeit Papst Johannes Paul II an die verehrten Mitbrüder im Bischofsamt, den Klerus, die
Ordensleute, die Gläubigen der katholischen Kirche und alle Menschen guten Willens zum
hundertsten Jahrestag von RERUM NOVARUM Bonn Mai 1991.
Vertrag (1997)
Vertrag zwischen dem Heiligen Stuhl und dem Land Mecklenburg-Vorpommern vom 15.
September 1997. In: GVOBl. M-V 1998 Seite 2).
Vultejus, Ulrich (Hg.)(1990)
Das Urteil von Memmingen. Vom Elend der Indikation. Köln 1990.

Walf, Knut
Statement Kirchenfinanzierung.
Internet*http://www.humanistischeunion.de/themen/rsw/huschrift18/referat_walf/* 25.4.2010.
Walter, Bettina (1992)
Militärseelsorge gestern und heute. In: Militärseelsorge (1992) Seite 5 bis 16.
Walter, Christian (2009)
Die Hoheit über das Kreuz. Der europäische Gerichtshof für Menschenrechte überschätz
seine Rolle im Zusammenspiel zwischen Staaten und Religionen. Das zeigt die Kruzifix
Entscheidung. In: FAZ 19. November 2009 Seite 8.
Werz, Nikolaus/Schmidt, Jochen (Hg.) (1998)
Mecklenburg-Vorpommern im Wandel. München 1998.
Wolf, Hans-Jürgen (1990)
Neuer Pfaffenspiegel. Sünden der Kirche. Das Geschäft mit dem Glauben Dornstadt 1990.
Derselbe:(1992) Dis Sünden der Kirche. Ein Lesebuch für mutige Christen. Elchingen 1992.
Derselbe: (2007) Handbuch der Kirchenkritik. Ein Nachschlagewerk für mutige Christen und
„papstgetreue Bibelschlucker". Ulm-Wiblingen 2007.
Wolf, Hubert (2010)
Politik in Gottes Hand. In: FAZ 20. Februar 2010 Seite Z 3.

Zollitsch, Robert (2010)
„Mißbrauch kein systematisches Problem". Derselbe: Eine Frage, wie ein Mensch veranlagt
ist/Debatte über Leitlinien (gegen Missbrauch). In: FAZ 23. Februar 2010 Seite 4.
Zwangseinzug von Kirchensteuer (2002)
Zwangseinzug von Kirchensteuer bei konfessionslosen Arbeitslosen. Der deutsche
Kirchenstaat begeht durch Verfassungsbruch Steuerraub an Millionen konfessionsloser
Arbeitsloser. Bund gegen Anpassung. 06.September 2002.

Bibliografische Information der Deutschen Nationalbibliothek
Die Deutsche Nationalbibliothek verzeichnet diese Publikation
in der Deutschen Nationalbibliografie; detaillierte bibliografische
Daten sind im Internet über http://dnb.d-nb.de abrufbar.

Umschlagdesign, Herstellung und Verlag:
BoD - Books on Demand
ISBN 978-3-8448-9578-0